王力 ◎ 著

古代汉语常识

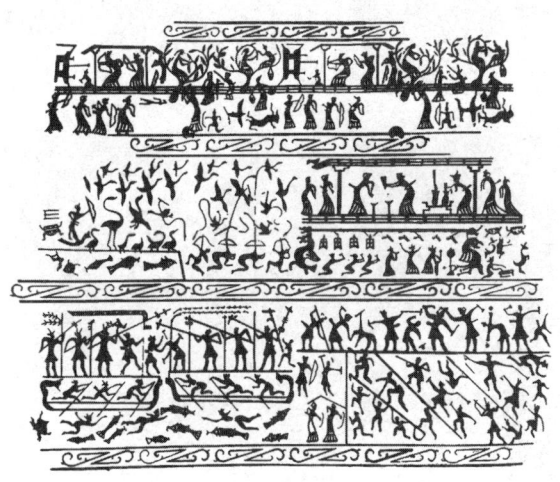

北京联合出版公司
Beijing United Publishing Co.,Ltd

目录

古代汉语常识 ································· 001
 第一章 什么是古代汉语 ················· 003
 第二章 为什么要学习古代汉语 ········· 005
 第三章 怎样学习古代汉语 ··············· 008
 第四章 古代汉语的文字 ··················· 011
  （一）字形和字义的关系 ··············· 011
  （二）繁体字 ······························· 015
  （三）异体字 ······························· 020
  （四）古字通假 ···························· 021
 第五章 古代汉语的词汇 ··················· 023
  （一）古今词义的差别 ··················· 023
  （二）读音和词义的关系 ··············· 029
  （三）用典 ·································· 033
  （四）礼貌的称呼 ························· 036
 第六章 古代汉语的语法 ··················· 039
  （一）词类，词性的变换 ··············· 039
  （二）虚词 ·································· 049
  （三）句子的构成，判断句 ············ 073
  （四）"倒装"句 ···························· 079

（五）句子的词组化 …………………… 082
　　（六）双宾语 …………………………… 085
　　（七）省略 ……………………………… 086

文言的学习 ……………………………………… 089
　　（一）词汇 ……………………………… 096
　　（二）语法 ……………………………… 101
　　（三）风格 ……………………………… 104
　　（四）声律 ……………………………… 108

中国古代的历法 ………………………………… 113
　　一、年岁 ………………………………… 115
　　二、月 …………………………………… 117
　　三、晦，朔，望，朏（fěi），弦 …… 118
　　四、日，时，刻，分，秒 ……………… 121
　　五、四时，节，候 ……………………… 123
　　六、赢缩 ………………………………… 128
　　七、定朔，定气 ………………………… 129
　　八、闰月 ………………………………… 129
　　九、岁差 ………………………………… 131

漫谈古汉语的语音、语法和词汇 …………… 135

文言语法鸟瞰 …………………………………… 149
　　（一）句子成分 ………………………… 151
　　（二）词序 ……………………………… 153

（三）单复数 …………………………… 156

汉语发展史鸟瞰 …………………………… 159
　　（一）汉语语音的发展 ……………………… 161
　　（二）汉语语法的发展 ……………………… 165
　　（三）汉语词汇的发展 ……………………… 167

中国古典文论中谈到的语言形式美 ………… 169

为什么学习古代汉语要学点天文学 ………… 179
　　一、经部 …………………………………… 183
　　二、史部 …………………………………… 186
　　三、子部 …………………………………… 187
　　四、集部 …………………………………… 190

常用文言虚字 ……………………………… 197

古代汉语常识

第一章 什么是古代汉语

古代汉语是跟现代汉语相对的名称：古代汉族人民说的话叫作古代汉语。但是，古人已经死了，现代的人不可能听见古人说话，古人的话只能从古代留传下来的文字反映出来。因此，所谓古代汉语，实际上就是古书里所用的语言。

语言是发展的，它处在不断的变化中。中国的文化是悠久的，自从有文字记载到今天，已经有三千多年的历史。所谓古代汉语，指的是哪一个时代的汉语呢？是上古汉语，是中古汉语，还是近代汉语呢？

的确是这样。我们如果对古代汉语进行严格的科学研究，的确应该分为上古时期（一般指汉代以前）、中古时期（一般指魏晋南北朝隋唐）、近代时期（一般指宋元明清），甚至还可以分得更细一些。那样研究下去，就是"汉语史"的研究。但是，那是汉语史专家的事情，一般人并不需要研究得那样仔细，只要笼统地研究古代汉语就行了。

研究古代汉语不分时代，大致地说，也还是可以的。封建社会的文人们喜欢仿古，汉代以前的文章成为他们学习的典范。中古和近代的文人都学着运用上古的词汇和语法，他们所写的文章脱离了当时的口语,尽可能做到跟古人的文章一样。这种文章叫作"古文",后来又叫作"文言文"(用文言写的诗叫作"文言诗")。我们通常所谓古代汉语就是指的这种"文言文"。照原则说,文言文是不变的,所以我们可以不分时代研究古代汉语。当然,仿古的文章不可能跟古人的文章完全一样,总不免在无意中夹杂着一些后代的词和后代的语法。不过那是罕见的情况。

历代都有白话文。近代的文学作品中,白话文特别多,如《水浒传》《儒林外史》《红楼梦》等。这些也都属于古代汉语,但是一般人所说的古代汉语不包括近代白话文在内,因为这种白话文跟现代汉语差不多,跟文言文的差别却是很大的。

这本小册子所讲的古代汉语就是文言文,所以不大谈到历史演变,也不谈到古代白话文。这里先把古代汉语的范围交代清楚,以后讲到古代汉语的时候,就不至于引起误解了。

第二章　为什么要学习古代汉语

为什么要学习古代汉语？首先是为了培养阅读古书的能力，以便批判地继承祖国的文化遗产；其次是因为古代汉语对现代语文修养也有一定的帮助。现在把这两个理由分别提出来谈一谈。

第一，中国有几千年文化需要我们批判地继承下来。我们每一个人或多或少地总要接触古代文化。有时候，是别人先读了古书，然后用现代语言讲给我们听，例如我们所学的中国史就是这样。有时候，是别人从古书中选出一篇文章或书中的某一章节的原文，加上注解，让我们阅读，例如我们所学的语文课，其中有一部分就是这样。将来我们如果研究历史，就非直接阅读古代的史书不可；如果研究古典文学，也非直接阅读古代的文学作品不可。研究哲学的人必须了解中国的哲学史，研究政治的人必须了解中国历代的政治思想，研究经济的人必须了解中国历代特别是近代的经济情况，他们也必须直接阅读某些古书。学音乐的人有必要知道点中国音乐史，学美术的人有必要知道点中国美术史，他们也不免要接触古书。就拿自然科学来说，也不是跟古书完全不发生关系的。学天文、数学的，不能不知道中国古代天文学和数学的辉煌成就；学医学、农学的，不能不知道中国古代医学上、农学上有许多宝贵的经验；学工科的，也不能不知道中国古代不少工程是走在世界建筑学的前面的。当然，我们也可以靠别人读了讲给我们听，或用现代白话文写给我们看，但是到底不如自己阅读原文那样亲切有味，而且不至于以讹传讹。

在中学时代，还不能要求随便拿一本古书都能看懂，但是，如果多读些文言文，就可以打下良好的基础。

我们研究中国古代文化，必须剔除其糟粕，吸收其精华。但是，如果我们连书都没有读懂，也就谈不上辨别精华和糟粕了。因此，培养阅读古书的能力，是批判地继承文化遗产的先决条件。

现代汉语是从古代汉语发展来的，现代汉语继承了古代汉语的许多词语和典故。因此，我们的古代汉语修养较高，对现代文章的阅读能力也就较高。像"力争上游"的"上游"（河流接近发源地的部分），"务虚"的"务"（从事于），本来都是文言词，现在吸收到现代汉语来了。毛主席说："我们还要学习古人语言中有生命的东西。由于我们没有努力学习语言，古人语言中的许多还有生气的东西我们就没有充分地、合理地利用。当然我们坚决反对去用已经死了的语汇和典故，这是确定了的，但是好的仍然有用的东西还是应该继承。"我们应该认识到，学习古代汉语，不但可以提高阅读文言文的能力，同时也可以提高阅读现代书报的能力和写作的能力。

第三章 怎样学习古代汉语

现代汉语是从古代汉语发展来的，我们学习古代汉语，无论如何不会像学外国语那样难。但是，由于中国的历史长，古人距离我们远了，我们学习古代汉语还是有一定困难的。一般说来，越古就越难。要克服学习上的困难，就应该讲究学习的方法。

第一，是读什么的问题。中国的古书，一向被称为"浩如烟海"，是一辈子也读不完的。我们学习古代汉语，必须有所选择。我们应该选读思想健康而又对后代文言文有重大影响的文章。上古汉语是文言文的源头，所以我们应该多读一些汉代以前的文章，当然中古和近代的也要占一定的比重。

整部的书不能全读，可以选择其中的精华来读。

初学古代汉语，应该利用现代人的选本。首先应该熟读中学语文课本中的文言文和文言诗。这是经过慎重选择的，思想健康，其中大部分正是对后代文言文有重大影响的文章。其次，如果行有余力，还可以选读《古代散文选》（人民教育出版社出版）和《古代汉语》（中华书局出版）。这两部书分量太重，最好请老师代为挑选一些，不必全读。

初学古代汉语不应该贪多：先不忙看《诗经选》《史记选》等，更不必全部阅读《论语》《孟子》等。

"贪多嚼不烂",这是我们应该引以为戒的。

第二,是怎样读的问题。最要紧的是先把文章看懂了。不是浮光掠影地读,不是模模糊糊地懂,而是真懂。一个字也不能放过,决不能不求甚解。这样,就应该仔细看注解,勤查工具书。

中学语文课本、《古代散文选》、《古代汉语》等书都有详细的注解。仔细看注解,一般就能理解文章的内容。有时候,每一句话都看懂了,就是前后连不起来,那就要请教老师。读文章要顺着次序读,有些词语在前面文章的注解中解释过了,到后面就不再重复了。

所谓工具书,这里指的是字典和辞书。字典是解释文字的意义的,如《新华字典》,辞书不但解释文字的意义,还解释成语等,如《辞源》《辞海》。《辞源》《辞海》是用文言解释的,对初学来说,也许嫌深了些。《新华字典》虽然是为学习现代汉语编写的,但是对学习古代汉语也很有帮助,因为其中也收了许多比较"文"的词义(如"汤"字当"热水"讲),并且收了许多比较"文"的词(如"夙"音 sù,就是"早")。

有了注解,为什么还要查字典呢?因为做注解的人不一定知道读者的困难在什么地方:有时候读者很容易懂的地方有了注解,读者感到难懂的地方反而没有注解。查字典是为了补充注解不足之处。

学习古代汉语的人必须学会查字典,并且养成经常查字典的习惯。

在学习的过程中,可以试着翻译一两篇文章作为练习。但是初学的时候不要找现成的白话译文来看,那样做是没有好处的。正如外语课本不把课本翻译出来一样,中学语文课本也没有把文言文译成白话文。假如译成白话文,就会养成读者的依赖性,不深入钻研原文,以了解大意为满足,这样就会影响学习的效果。

学习古代汉语的人,常常是学一篇懂一篇,拿起另一篇来仍旧不懂。所以需要学习关于古代汉语的一般知识,以便更好地提高阅读古书的能力。关于古代汉语的一般知识,大致可以分为三个方面:第一是关于文字的知识,第二是关于词汇的知识,第三是关于语法的知识。掌握了这三方面的知识,就能比较容易地阅读一般文言文。这本小册子主要是大略地讲讲这三方面的知识。掌握了这些浅近的知识以后,可以为阅读一般文言文打下良好的基础,以后要提高就容易了。

第四章　古代汉语的文字

古代汉语是用文字记载下来的，所以学习古代汉语就先得识字。这些字虽然跟现代汉语的字基本上一样，但是意思不完全一样，写法也不完全一样，所以需要讲一讲。这里分为四个问题来讲：（一）字形和字义的关系；（二）繁体字；（三）异体字；（四）古字通假。

（一）字形和字义的关系

字形是字的形体，字义是字的意义。汉字有这样一个特点，就是字形在一定程度上表示字义。字的最初的一种意义叫作"本义"，字的其他意义一般是由本义生出来的，叫作"引申义"。本义和字形是有关系的，懂得这个道理，有助于了解古代汉语的字义。现在举些例子加以说明。

〔涉〕"涉"的本义是蹚着水过河，所以左边是"水"（"氵"就是水）。古文字的"涉"更加形象，写作"⿰⿱止氵止"，画的是前后两只脚，中间一道河。后来左边写成三点水，右边写成"步"字，其实"步"字上半代表一只脚（即"止"字），下半代表另一只脚（即反写的"止"字，"⿰"，不是"少"）。苏轼《日喻》"七岁而能涉"，其中"涉"字是用的本义。《吕氏春秋·刻舟求剑》①"楚人有涉江者"，其中"涉"字用的是引申义，那不是蹚着水过河，而是乘舟过河。后来又引申为牵涉、涉历。

〔操〕〔持〕这类字叫作形声字，左边是形符（又叫意符），表示意义范畴；右边是声符，表示读音（形符也可以在右边、上面、下面，声符也可以在左边、上面、下面）。"操""持"都是拿的意思，所以以手（扌）为形符。"操"从喿声（"喿"即"噪"字），"持"从寺声。《韩非子·郑人买履》："而忘操之。"蒲松龄《狼》："弛担持刀。"这两个字也有细微的分别："操"又指紧握，引申为操守、节操；"持"泛指拿。

〔坠〕"坠"（墜）本作"隊"，从阜（阝），㒸声（"㒸"即"遂"字）。阜是高大的山，从高山掉下来叫作"隊"，引申为泛指坠落。《荀子·天论》："星隊木鸣，国人皆恐。"后来加土作"墜"（坠），以区别于队伍的"隊"（队）。《吕氏春秋·刻舟求剑》："其剑自舟中坠于水。"

〔契〕〔锲〕"契"是刻的意思。《吕氏春秋·刻舟求剑》："遽契其舟。"据《说文》，契刻的"契"写作"栔"，从木，㓞声（"㓞"音锲）。其所以从木，因为木是刻的对象。契字又作"锲"。《荀子·劝学》：

---

① 引文为课本常选者，篇名多从课本。下同。

"锲而舍之，朽木不折；锲而不舍，金石可镂。""锲"从金，契声。其所以从金，因为金是刻的工具（刻刀是金属做的）。

〔载〕"载"从车，弋声（"弋"音哉），本义是车载。《史记·孙膑》："窃载与之齐。"引申则船载也叫"载"。柳宗元《黔之驴》："有好事者船载以入。"

〔窥〕"窥"从穴，规声。"穴"是窟窿，从窟窿里看，叫作"窥"。如"管中窥豹"，引申为偷看。柳宗元《黔之驴》："蔽林间窥之。"

〔骇〕"骇"从马，亥声，本义是马惊。《汉书·枚乘传》："马方骇，鼓而惊之。"引申为泛指害怕。柳宗元《黔之驴》："虎大骇。"

〔鸣〕"鸣"从鸟从口。这类字叫作会意字。会意字没有声符，而有两个或三个形符。鸟口出声叫作"鸣"。《诗经·郑风·风雨》："风雨如晦，鸡鸣不已。"引申为泛指禽兽昆虫的叫。柳宗元《黔之驴》："他日，驴一鸣。"

〔顾〕"顾"（顧）从页，雇声（"雇"音户）。"页"不是书页的"页"，而是音颉（xié）。"页"是头的意思。"顾"是回头看，所以从页。蒲松龄《狼》："顾野有麦场。"

〔薪〕"薪"从艸（艹），新声。"薪"的本义是草柴。蒲松龄《狼》："场主积薪其中，苫蔽成丘。"

也指木柴。《诗经·齐风·南山》:"析薪如之何?匪斧不克。"

〔弛〕"弛"从弓,也声,本义是把弓弦放松。《左传·襄公十八年》:"乃弛弓而自后缚之。"引申为泛指放松。蒲松龄《狼》:"弛担持刀。"

〔尻〕〔尾〕"尻"从尸,九声,是形声字。"尾",从尸,从毛,是会意字。"尸",金文作,侧看像人卧之形。从尸的字,表示人体的部分。"尻"是屁股,"尾"是尾巴。据《说文》说,古人和西南夷人喜欢用毛作尾形以为装饰,所以"尾"字从毛。蒲松龄《狼》:"身已半入,止露尻尾。"

〔贱〕"贱"从贝,戋声。"贱"的本义是价格低,所以左边是"贝"(上古时代,贝壳被用为货币)。白居易《卖炭翁》:"心忧炭贱愿天寒",其中"贱"字是用的本义。引申为地位低。

〔驾〕"驾"从马,加声。"驾"的本义是把车轭放在马身上(驾车就是赶车),所以下边是"马"。白居易《卖炭翁》"晓驾炭车辗冰辙",其中"驾"字是用的本义。引申为驾驭。

〔险〕"险"(險)从阜,佥声。"险"的本义是险阻,所以其字从阜,阜就是山。《列子·愚公移山》:"吾与汝毕力平险。"

(二)繁体字

汉字简化,是中国文化史上一件大事。由繁体变为简体,易写易认,人们在学习上方便多了。但是古书是用繁体字写的,我们目前还不能把所有的古书都改成简体字。我们学习古代汉语,最好认识繁体字,因为将来读到古书原本时,总会接触到繁体字的。

并不是每一个字都有繁简二体,例如"人""手""足""刀""尺"等字,从古以来笔画简单,不需要再造简体。有些字,笔画虽不简单(例如鞭子的"鞭"),到目前为止,也还没有简化。但是,有许多字已经简化了。

汉字简化,最值得注意的是同音代替的情况:读音相同的两个字或三个字,简化以后合并为一个字了。这又分为两种情况。第一种情况是原来两个(或三个)繁体字都废除了,合并为一个简体字。这里举几个例子。

〔發:髮〕一律简化为"发"。古代"發""髮"不通用,发出、发生的"发"写作"發",头发的"发"写作"髮"。例如:

1. 齐军万弩俱發。①(《史记·孙膑》)
2. 夫因兵死守蓬茅,麻苎衣衫鬓髮焦。(杜荀鹤《时世行》)

〔獲:穫〕一律简化为"获"。古代"獲""穫"一般不通用,获得的"获"写作"獲",收获的"获"写作"穫"。例如:

1. 獲楚魏之师,举地千里。(李斯《谏逐客书》)
2. 春耕,夏耘,秋穫,冬藏。(晁错《论贵粟疏》)

〔復:複〕一律简化为"复②"。古代"復""複"不通用:"復"是现代"再"的意思,又解作"恢复";"複"是"重复"。例如:

1. 居十日,扁鹊復见。(《韩非子·扁鹊见蔡桓公》)
2. 则吾斯役之不幸,未若復吾赋不幸之甚也。(柳宗元《捕蛇者说》)
3. 每字有二十余印,以备一板内有重複者。(沈

---

① 本书所引例句,为阅读方便,一般以句号结句,有的与原文标点不尽相同。
② 旧时字典也有"复"字,但是一般古书不用。

括《活板》)

4. 複道行空,不霁何虹?(杜牧《阿房宫赋》)

第二种情况是原来两个(或三个)字保存笔画简单的一个,使它兼代笔画复杂的一个(或两个)。这里举几个例子。

〔馀:余〕一律写作"余"。古代"馀""余"不通用,剩余的"余"写作"馀",当"我"讲的"余"写作"余"。例如:

1. 其馀,则熙熙而乐。(柳宗元《捕蛇者说》)
2. 後百馀岁有孙膑。(《史记·孙膑》)
3. 余闻而愈悲。(柳宗元《捕蛇者说》)

〔雲:云〕一律写作"云"。古代"雲""云"不通用①,云雨的"云"写作"雲",当"说话"讲或当语气词用的"云"写作"云"。例如:

1. 旌蔽日兮敌若雲。(《楚辞·国殇》)
2. 雲霏霏而承宇。(《楚辞·涉江》)
3. 后世所传高僧,犹云锡飞杯渡。(黄淳耀《李

---

① "云"虽是"雲"的本字,但是在古书中"云"和"雲"显然是有分别的。

龙眠画罗汉记》)

4.尝贻余核舟一,盖大苏泛赤壁云。(魏学洢《核舟记》)

〔後:后〕一律写作"后"。古代"後""后"一般不通用。"後"是前后、先后的"后","后"是后妃的"后"。前后、先后的"后"有时候写作"后"(罕见);后妃的"后"绝不能写作"後"。例如:

1.今虽死乎此,比吾乡邻之死则已後矣。(柳宗元《捕蛇者说》)

2.媪之送燕后也,持其踵为之泣。(《战国策·触龙说赵太后》)

〔徵:征〕一律写作"征"。古代"徵""征"一般不通用,征求、征召、征验、征税的"征"写作"徵",征伐、征途、征徭的"征"写作"征"。征税的"征"写作"徵",有时候也写作"征",但是征伐的"征"绝不写作"徵",征求、征召、征验的"征"一定写作"徵",绝不写作"征"。例如:

1.尔贡苞茅不入,……寡人是徵。(《左传·僖公四年》)

2.昭王南征而不复,寡人是问。(同上)

3. 桑柘废来犹纳税，田园荒后尚徵苗。（杜荀鹤《时世行》）

4. 任是深山更深处，也应无计避征徭。（同上）

5. 京师学者咸怪其无徵。（《后汉书·张衡传》）

〔乾：幹：干〕一律写作"干"（不包括乾坤的"乾"）。"乾"和"干"同音，"幹"和"干"同音不同调（"幹"去声，"干"阴平声）。古代"乾""幹""干"不通用。"乾"是乾燥的"乾"，"幹"是树幹、躯幹的"幹"（这个意义又写作"榦"）和才幹的"幹"，"干"是盾牌（"干戈"二字常常连用）。例如：

1. 凡稻，旬日失水即愁旱乾。（宋应星《稻》）

2. 柏虽大幹如臂，无不平贴石上。（徐宏祖《游黄山记》）

3. 田园寥落干戈后，骨肉流离道路中。①（白居易《望月有感》②）

---

① 大意是说：战争之后，田园荒芜了，兄弟们在道路上流浪着。
② 这首诗的全名是《自河南经乱，关内阻饥，兄弟离散，各在一处。因望月有感，聊书所怀，寄上浮梁大兄於潜七兄、乌江十五兄，兼示符离及下邽弟妹》。

以上所述一个简体字兼代古代多个字的情况是值得特别注意的。但是大多数的情况是一个简体字替换一个繁体字，如"书"替换了"書"，"选"替换了"選"，"听"替换了"聽"，等等，只要随时留心，繁体字是可以逐渐熟悉的。

（三）异体字

所谓异体字，是一个字有两种以上的写法。例如"线"字在古书中，既可以写作"綫"，又可以写作"線"。"于"字在古书中，既可以写作"于"，又可以写作"於"[①]。在今天，汉字简化以后，异体字也只保留一个了，如用"綫"（简作"线"）不用"線"，用"于"不用"於"。但是我们阅读古书，还是应该认识异体字。

废除异体字，大致有两个标准。第一个标准是保留笔画较少的字，第二个标准是保留比较常见的字。这两个标准有时候发生矛盾。例如"于"字比"於"字笔画少，但是"於"字比"于"字常见。依照简化的原则，决定采用了"于"字。又如"無"字比"无"字常见，"傑"字比"杰"字常见，"淚"字比"泪"字常见[②]，"无""杰""泪"笔画较少，被保留下来，

[①] 严格地说，"于"和"於"是略有分别的。这里从一般的看法。
[②] "泪"字一般只出现在小说里。

而"無""傑""淚"就废除了。

有时候,某些异体字不但笔画多,而且很少用,当然就废除了。例如:

德:悳　　匆:怱　　奔:犇
粗:觕、麤　梁:樑

这里不可能把所有的异体字都开列出来。只是举出一些例子,使大家注意这种现象。我们读古书的时候遇见异体字,一查字典就解决了。

(四)古字通假

通是通用,假是借用("假"就是"借"的意思)。所谓古字通假,就是两个字通用,或者这个字借用为那个字的意思。古字通假常常是两个字读音相同或相近,其中一个算是"本字",另一个算是"假借字"。例如"蚤"的本义是跳蚤,但是在《诗经》里借用为"早"(《诗经·豳风·七月》:"四之日其蚤,献羔祭韭。"),在早晨的意义上,"早"是本字,"蚤"是假借字。这种假借字,在上古的书籍里特别多。例如:

1. 秦伯说,与郑人盟。(《左传·僖公三十年》)
   ("说"假借为"悦"。)
2. 先生不羞,乃有意欲为收责于薛乎?(《战国策·齐策》)

("责"假借为"债"。)

3. 距关,毋内诸侯。(《史记·项羽本纪》)

("距"假借为"拒","内"假借为"纳"。)

4. 愿伯具言臣之不敢倍德也。(同上)

("倍"假借为"背"。)

古字通假的问题是很复杂的,现在先讲一个大概,以后还可以进一步研究。

第五章 古代汉语的词汇

词汇是一种语言里全部的词,在汉语里,一个一个的词合起来构成汉语的词汇。我们学习古代汉语,词汇占着极其重要的地位。如果掌握了古代汉语词汇,就可以算是基本上掌握了古代汉语,因为古今语法的差别不大,古今语音的差别虽大,但是不懂古音也可以读懂古书。唯有古代汉语的词汇,同现代汉语的词汇差别相当大,非彻底了解不可。下面分为四个问题来谈:(一)古今词义的差别;(二)读音和词义的关系;(三)用典;(四)礼貌的称呼。

(一)古今词义的差别

古代的词义,有些是直到今天没有变化的,例如"人""手""大""小""飞"等。有些则是起了变化的,虽然变化不大,毕竟古今不同,如果依照现代语来理解,那就陷于错误。我们读古代汉语,不怕陌生的字,而怕熟字,对于陌生的字,我们可以查字典来解决;至于熟字,我们就容易忽略过去,似懂非懂,容易弄错。现在举些例子来说明古今词义的不同。

〔兵〕今天的"兵"指人,上古的"兵"一般指武器。《楚辞·国殇》:"车错毂兮短兵接。"

后代也沿用这个意义，如"短兵相接"，但是也像现代一样可以指人了。

〔盗〕今天的"盗"指强盗，上古的"盗"指偷（今天还有"盗窃"一词）。《荀子·修身》："窃货曰盗。"后代也像现代一样可以指强盗了。如"俘囚为盗耳"（司马光《李愬雪夜入蔡州》）。

〔走〕今天的"走"指行路，古代的"走"指跑。如"扁鹊望桓侯而还走"（《韩非子·扁鹊见蔡桓公》）。注意：即使到了后代，"走"字有时也只指跑，不指行路，如"走马看花"。现在广东人说"走"也还是跑的意思。

〔去〕古人所谓"去"，指的是离开某一个地方或某人。如《诗经·魏风·硕鼠》："逝将去女，适彼乐土。""去女"应该理解为"离开你"。又如范仲淹《岳阳楼记》："则有去国怀乡，忧谗畏讥。""去国"应该理解为"离开国都"。又如《史记·孙膑》："魏将庞涓闻之，去韩而归。"古书上常说"去晋""去齐"，应该理解为"离开晋国""离开齐国"，而不是"到晋国去""到齐国去"（意思正相反）。这是特别值得注意的。

〔把〕古人所谓"把"，指的是"握住"或"拿着"。如"手把文书口称敕"（白居易《卖炭翁》）。今天我们仅在说"把住舵""紧紧把住冲锋枪"一类情况下，还保存着古代这种意义。

〔江〕古人所谓"江",专指长江。如"楚人有涉江者"(《吕氏春秋·刻舟求剑》)。

〔河〕古人所谓"河",专指黄河。如"为治斋宫河上"(《史记·西门豹治邺》)。"江河"二字连用时,指长江和黄河。如"假舟楫者,非能水也,而绝江河"(《荀子·劝学》)。

〔无虑〕古代有副词"无虑",不是无忧无虑的意思,而是"总有""约有"(指数量)的意思。如"所击杀者无虑百十人"(徐珂《冯婉贞》)。

〔再〕上古"再"字只表示"两次",超过"两次"就不能说"再"。如"五年再会",意思是五年之间集会两次(不是五年之后再集会一次);又如"再战再胜",意思是打两次仗,一连两次获胜(不是再打一次仗,再胜一次)。《史记·孙膑》:"田忌一不胜而再胜。"是说田忌赛马三场,输了一场,赢了两场。唐宋以后,"再"字也有像现代语一样讲的,如"用讫再火,令药熔"(沈括《活板》)。

〔但〕古代"但"不当"但是"讲,而只当"只"讲。如"不闻爷娘唤女声,但闻黄河流水鸣溅溅"(《木兰诗》)。又如"见其发矢十中八九,但微颔之"(欧阳修《卖油翁》)。又如"无他,但手熟尔"(同上)。蒲松龄《促织》:"但欲求死。"这是没有例外的。如果我们在古书中看见"但"字时解释为"但是",那就错了。

〔因〕今天"因"字解释为因为,古代"因"字解释为于是,意义大不相同,值得注意。《史记·孙膑》:"齐因乘胜尽破其军。"应解释为"齐人于是乘胜大破庞涓军"。《廉颇蔺相如列传》:"相如因持璧却立倚柱。"应解释为"蔺相如于是持璧,却立倚柱"。柳宗元《黔之驴》:"虎因喜。"应解释为"于是老虎高兴了"。如果把这些"因"字解作"因为",那就大错。欧阳修《卖油翁》的"因曰",也应该解释为"于是他说"或"接着就说",而不是解释为"因为他说"。这是沿用上古的意义。但是唐宋以后,有时候"因"字也当"因为"讲,如"夫因兵死守蓬茅"(《杜荀鹤《时世行》)。那又需要区别看待了。

〔亡〕"亡"的本义是逃亡,本写作亾,从人,从乚("乚"即"隐"字),会意。这是说,逃亡的人走进隐蔽的地方。上古时代,"亡"不当死讲。《史记·陈涉世家》:"今亡亦死,举大计亦死。"《廉颇蔺相如列传》:"臣尝有罪,窃计欲亡走燕。"又:"从径道亡,归璧于赵。"

〔好〕"好"的本义是女子貌美,所以"好"字从女子,会意。《史记·西门豹治邺》:"巫行视小家女好者,云是当为河伯妇。"又:"是女子不好。"《战国策·赵策》:"鬼侯有子而好,故入之于纣。"("子"这里指女儿。)古诗《陌上桑》:"秦氏有好女,自名为罗敷。"

以上所讲,是把古代汉语译成现代汉语来讲的。我们也可以反过来做。假定现代汉语里有某一个词,译成古代汉语,应该是什么词呢?那也是很有趣的。让我们举出一些例子来看。

〔找〕上古不说"找",而说"求"。《吕氏春秋·刻舟求剑》:"舟止,从其所契者入水求之。"《史记·廉颇蔺相如列传》:"求人可使报秦者。"《西门豹治邺》:"求三老而问之。"

〔放〕"安放"的"放",古人不说"放",而说"置"。如《韩非子·郑人买履》:"先自度其足,而置之其坐。"

〔放下〕把本来拿着或挑着的东西放下来,古人叫"释"。如"有卖油翁释担而立睨之"(欧阳修《卖油翁》)。

〔换〕古人不说"换",而说"易"。如"秦王以十五城请易寡人之璧"(《史记·廉颇蔺相如列传》)。

〔拉〕古人不说"拉",而说"曳"。如"又夹百千求救声,曳屋许许声"(林嗣环《口技》)。

〔睡着〕古人叫"寐"。如"守门卒方熟寐"(司马光《李愬雪夜入蔡州》)。

〔醒〕在上古汉语里,睡醒叫"觉"(又叫"寤"),酒醒叫"醒","觉"和"醒"本来是有分别的。

古书中所谓"睡觉",也就是睡醒,不是现代语的"睡觉"。如"妇人惊觉欠伸"(林嗣环《口技》),其中的"觉"字沿用了上古的意义。《口技》同时用"醒"字("丈夫亦醒""又一大儿醒"),那是古今词义杂用的例子。

〔正在〕古代汉语说"方"。如"守门卒方熟寐"(司马光《李愬雪夜入蔡州》)。

〔有人〕古代在不肯定是谁的时候,用一个"或"字,等于现代语的"有人"。如"或告元济曰"(司马光《李愬雪夜入蔡州》)。又如"或曰:'此鹳鹤也。'"(苏轼《石钟山记》)

〔过了一会儿〕古代汉语最常见的说法是"既而"(又说"已而")。如"既而儿醒,大啼"(林嗣环《口技》)。又如"既而渐近,则玉城雪岭际天而来"(周密《观潮》)。

〔差点儿〕古代汉语说"几"。如"几欲先走"(林嗣环《口技》)。

〔一点儿也不〕古代汉语说"略不"。如"人物略不相睹"(周密《观潮》)。又如"而旗尾略不沾湿"(同上)。

〔本来〕古代汉语说"固"。如"我固知齐军怯"(《史记·孙膑》)。

〔但是〕古人说"然"。如"人人自以为必死,然畏愬,莫敢违"(司马光《李愬雪夜入蔡州》)。

〔罢了〕古人说"耳"("尔")或"而已"。如"俘虏为盗耳"(司马光《李愬雪夜入蔡州》)。又如"无他,但手熟尔"(欧阳修《卖油翁》)。又如"一桌、一椅、一扇、一抚尺而已"(林嗣环《口技》)。

由此看来,古今词义的差别是很大的,我们不能粗心大意。如果我们把古书中的"走"看作今天普通话的"走",把古书中的"睡觉"看作现代语的"睡觉",等等,那就误解了古书。这是初学古代汉语的人应该注意的一件事。

(二)读音和词义的关系

一个字往往有几种意义。有时候,意义不同,读音也跟着不同。在现代汉语里,已经有这种情况;在古代汉语里,这种情况更多些。下面举出一些例子来看①。

〔长〕长幼、首长的"长"应读 zhǎng。如"长幼有序"(《荀子·君子》)。又如"推为长"(徐珂《冯婉贞》)。

〔少〕年轻的意义应读 shào。如"丈夫亦爱怜其少子乎?"(《战国策·触龙说赵太后》)。

〔中〕射中、击中的"中"应读 zhòng。如"见

---

① 其中比较常见的一种读音和意义就不讲了,因为大家都知道了。

其发矢十中八九"(欧阳修《卖油翁》)。

〔间〕用作动词,表示夹在中间或夹杂着的意义时,应读 jiàn。如"中间力拉崩倒之声,火爆声,呼呼风声,百千齐作"(林嗣环《口技》)。

〔横〕用作横暴、横逆的意义时,读 hèng。如"义兴人谓为三横"(刘义庆《世说新语·周处》)。

〔奇〕用来表示零数的意义时,读 jī。如"舟首尾长约八分有奇"(魏学洢《核舟记》)。

〔好〕表示喜欢的意义时读 hào。如"医之好治不病以为功!"(《韩非子·扁鹊见蔡桓公》),"好为《梁父吟》"(《三国志·隆中对》)。又如"好古文"(韩愈《师说》),"有好事者船载以入"(柳宗元《黔之驴》)。

〔属〕古书中"属"字往往有嘱的意思,也就读 zhǔ。如"属予作文以记之"(范仲淹《岳阳楼记》)。

〔汗〕可汗的汗读 hán。如"昨夜见军帖,可汗大点兵"(《木兰诗》)。

〔骑〕用作名词时旧读 jì,当"骑兵"或"骑马的人"讲。如"翩翩两骑来是谁?"(白居易《卖炭翁》)。

〔咽〕用来表示低微的哭声时读 yè。如"夜久语声绝,如闻泣幽咽"(杜甫《石壕吏》),用来表示咽喉时读 yān。

〔亡〕用作"无"字时读 wú。如"河曲智叟亡以应"(《列子·愚公移山》)。

〔度〕解作测量时读duó。如"先自度其足"(《韩非子·郑人买履》)。又如"度简子之去远"(马中锡《中山狼传》)。

〔说〕解作游说时读shuì,如"说齐使"(《史记·孙膑》)。解作喜悦时读yuè,同"悦"(见上文)。

〔数〕解作屡次时,读shuò。如"扶苏以数谏故,上使外将兵"(《史记·陈涉世家》)。又如"几死者数矣"(柳宗元《捕蛇者说》)。

〔号〕用作动词,解作叫喊或大声哭的意义时,读háo。如"谁之永号?"(《诗经·魏风·硕鼠》)。又如"阴风怒号"(范仲淹《岳阳楼记》)。

〔旋〕用作副词时读xuàn。如"旋斫生柴带叶烧"(杜荀鹤《时世行》)。又如"旋见一白酋督印度卒约百人"(徐珂《冯婉贞》)。

〔将〕用作名词时读jiàng。如"王侯将相宁有种乎?"(《史记·陈涉世家》)。又如"于是乃以田忌为将"(《史记·孙膑》)。用作动词时,如果当"率领"讲,也读作jiàng。如"自将三千人为中军"(司马光《李愬雪夜入蔡州》)。

〔几〕解作差点儿的"几"字读jī。如"几欲先走"(林嗣环《口技》)。又如"几死者数矣"(柳宗元《捕蛇者说》)。

〔予〕当"我"讲的"予"读yú。如"瞻予马首可也"(徐珂《冯婉贞》)。当"给"讲的"予"读 yǔ。

由上所述,可见在大多数情况下,一字两读只是声调的差异。例如多少的"少"读 shǎo(上声),老少的"少"读 shào(去声);中央的"中"读 zhōng(阴平),射中的"中"读 zhòng(去声);横直的"横"读 héng(阳平),横暴的"横"读 hèng(去声),等等。除了声调不同之外,声母、韵母完全相同。但也有少数情况是声母不同的,如长短的"长"读 cháng,长幼的"长"读 zhǎng;或者是韵母不同的,如制度的"度"读 dù,测度的"度"读 duó;或者是声母韵母都不同的,如解说的"说"读 shuō,喜悦的"说"读 yuè(这些字在声调上有同有不同)。

有些字,同一个意义也可以两读,例如观看的"看",既可以读阴平,也可以读去声。今天我们把"看"字读去声,但是读古典诗词的时候,为了格律的需要,有时候也还该读成阴平。如杜甫《春夜喜雨》:"晓看红湿处,花重锦官城。"又如苏轼《题西林壁》:"横看成岭侧成峰,远近高低各不同。"其中"看"字都该读 kān。毛主席《菩萨蛮·大柏地》:"装点此关山,今朝更好看。"其中"看"字也该读 kān。这和词义无关,但是和一字两读有关,所以附带讲一讲。

（三）用典

用典，就是运用古书中的话（典故）。作者常常不明说是用典，但是读者如果古书读多了，就懂得他是用典。有时候，我们必须懂得那个典故，然后才能了解句子的意思。现在举出一些例子，并加以说明。

〔并驱〕《诗经·齐风·还》："并驱从两狼兮。"蒲松龄《狼》："骨已尽矣，而两狼之并驱如故。"按，《诗经》原意是两人并驱，追赶两狼。蒲松龄活用这个典故，说成"两狼并驱"。

〔马首是瞻〕《左传·襄公十四年》："荀偃令曰：'鸡鸣而驾，塞井夷灶，唯余马首是瞻。'"意思是说，你们看着我的马头的方向，跟着我去战斗。徐珂《冯婉贞》："诸君而有意，瞻予马首可也。"按，这也是活用典故，那时冯婉贞并没有骑马。

〔修门〕《楚辞·招魂》："魂兮归来，入修门些。"修门，指楚国首都郢的城门。文天祥《指南录后序》："时北兵已迫修门外。"这里文天祥指的是南宋临时首都临安的城门。

〔下逐客令〕李斯《谏逐客书》："臣闻吏议逐客，窃以为过矣。"《史记·李斯列传》："秦王乃除逐客之令，复李斯官。"文天祥《指南录后序》："留二日，维扬帅下逐客之令。"这里文天祥活用秦始皇下逐客令的故事,指维扬帅李庭芝不能相容,下令要杀他。

〔号呼靡及〕《诗经·大雅·荡》:"式号式呼。"《小雅·皇皇者华》:"駪駪征夫,每怀靡及。"文天祥《指南录后序》:"天高地迥,号呼靡及。"

〔乌号肃慎〕《淮南子·原道》:"射者扜乌号之弓。"《国语·鲁语》:"武王克商,通道于九夷八蛮,于是肃慎氏贡楛矢石砮。"马中锡《中山狼传》:"援乌号之弓,挟肃慎之矢。"

〔处囊脱颖〕《史记·平原君列传》:"毛遂曰:'臣乃今日请处囊中耳。使遂蚤得处囊中,乃颖脱而出,非特其末见而已。'"马中锡《中山狼传》:"今日之事,何不使我得早处囊中,以苟延残喘乎?异时倘得脱颖而出,先生之恩,生死而肉骨也。"按,这里马中锡活用毛遂自荐的故事。"使我得早处囊中",指东郭先生让狼躲进口袋里,"脱颖而出",指赵简子走后,狼从口袋里出来。

〔生死肉骨〕《左传·襄公二十二年》:"吾见申叔夫子,所谓生死而肉骨也。"注:"已死复生,白骨更肉。"马中锡《中山狼传》用了这个典故,见上条。

〔跋胡疐尾〕《诗经·豳风·狼跋》:"狼跋其胡,载疐其尾。"马中锡《中山狼传》:"前虞跋胡,后恐疐尾。"

〔猬缩蠖屈〕〔蛇盘龟息〕皮日休《吴中苦雨》："如何乡里辈，见之乃猬缩！"《周易·系辞下》："尺蠖之屈，以求信（伸）也。"《后汉书·安帝纪》："又有蛇盘于床笫之间。"《抱朴子》："粮尽，见家角一物，伸颈吞气。试效之，辄不复饥。乃大龟尔。"马中锡《中山狼传》："猬缩蠖屈，蛇盘龟息。"

〔多歧亡羊〕《列子·说符》："杨子之邻人亡羊，既率其党，又请杨子之竖追之。杨子曰：'嘻！亡一羊，何追者之众？'邻人曰：'多歧路。'既反，问：'获羊乎？'曰：'亡之矣。'曰：'奚亡之？'曰：'歧路之中又有歧焉，吾不知所之，所以反也。'……心都子曰：'大道以多歧亡羊，学者以多方丧生。'"马中锡《中山狼传》："然尝闻之，大道以多歧亡羊。"按，这是引用《列子》原文，所以说"尝闻之"。

〔守株缘木〕《韩非子·五蠹》："宋人有耕者。田中有株，兔走触株，折颈而死。因释其耒而守株，冀复得兔。兔不可复得，而身为宋国笑。"《孟子·梁惠王上》："以若所为，求若所欲，犹缘木而求鱼也。"马中锡《中山狼传》："乃区区循大道以求之，不几于守株缘木乎？"按，这是"守株待兔""缘木求鱼"两个成语的结合。

古书用典的地方很不少。在中学语文课本里，为了照顾中学水平，不选典故太多的文章。将来如果接触古书，还会遇见许多典故。应该体会到：大多数典故都是活用的,如果死抠字眼,那就讲不通了。

(四)礼貌的称呼

在现代汉语里,人称代词"您(nín)是一种礼貌的称呼。在古代汉语里,由于封建社会等级制度的关系,礼貌的称呼规定得很严,而且比现代汉语里的礼貌称呼多得多。第一人称用谦称,第二人称和第三人称用敬称。现在分别加以叙述。

1. 第一人称

第一人称就是说话人自称。在古代汉语里,第一人称代词有"吾""我""余""予"等。但是,说话人对于尊辈或平辈常常用谦称。

对君自称为"臣"。如"今在骨髓,臣是以无请也"(《韩非子·扁鹊见蔡桓公》)。在上古时代,对尊辈或平辈,也可以自称为"臣"。如"君弟重射,臣能令君胜"(《史记·孙膑》)。汉代以后,也自称为"鄙人"。如"鄙人不慧,将有志于世"(马中锡《中山狼传》)。

对尊辈或平辈自称其名。如"夫以秦王之威,而相如廷叱之"(《史记·廉颇蔺相如列传》)。有时候,写作"某",其实也是自称其名。如"某启"(王安石《答司马谏议书》)。正式写信,实际上还是写本名的,只是在起草的时候,为了省事,可以用"某"代本名。因此,王安石《答司马谏议书》中的"某启",

实际上就是"安石启"。下文还有四个"某",都是"安石"的意思。

君对臣,自称"寡人"。这是春秋战国时代的称呼。如"寡人无疾"(《韩非子·扁鹊见蔡桓公》)。又自称"孤"。这是战国以后的称呼。如"孤不度德量力"(《三国志·隆中对》)。

2. 第二人称

第二人称就是说话人称呼对话人。在古代汉语里,第二人称代词有"汝""尔"。但是,在表示尊敬或客气的时候,第二人称常常改用敬称。

臣对君,称"君"(春秋时代),称"王"或"大王"(战国时代及后代)。如"君有疾在腠理"(《韩非子·扁鹊见蔡桓公》)。又如"五步之内,相如请得以颈血溅大王矣!"(《史记·廉颇蔺相如列传》)。又称皇帝为"陛下"。如《史记·淮阴侯列传》:"陛下不能将兵,而善将将(您不会统率士兵,但是您很会统率将军)。"

对一般人表示客气,称"子"。如《诗经·郑风·褰裳》:"子不我思,岂无他人?"也称"君"。如《三国志·隆中对》:"君谓计将安出?"又称"足下"。如《史记·陈涉世家》:"足下事皆成。"又称"公"。如《陈涉世家》:"公等遇雨。"

对有爵位的人称他的爵位。如《三国志·隆中对》:"将军身率益州之众出于秦川,百姓孰敢不箪食壶浆以迎将军者乎？"又如《史记·廉颇蔺相如列传》："鄙贱之人，不知将军宽之至此也。"

对长者，称"先生"。马中锡《中山狼传》："先生岂有志于济物哉？"

对朋友，称其字。古人有名有字，如司马光名光，字君实；王安石名安石，字介甫。尊辈对卑辈，可以直呼其名，如果对平辈，就该称其字，才算有礼貌。如王安石《答司马谏议书》："重念蒙君实视遇厚，于反覆不宜卤莽，故今具道所以，冀君实或见恕也。"

3. 第三人称

第三人称是说话人同对话人说起的另一个人或另一些人。在古代汉语里，第三人称代词是"其""之"等。第三人称也有敬称，这种敬称一般就是那人的身份。如《史记·廉颇蔺相如列传》："公之视廉将军孰与秦王？"

以上所述，只是比较常见的谦称和敬称，此外还有许多谦称和敬称，这里不详细讲了。

第六章 古代汉语的语法

语法，指的是语言的结构方式。就汉语来说，主要是讲词与词的关系、虚词的用法、句子的结构。在本章里，我们着重讲古代语法与现代语法不同的地方。我们打算分七节来讲：（一）词类，词性的变换；（二）虚词；（三）句子的构成，判断句；（四）"倒装"句；（五）句子的词组化；（六）双宾语；（七）省略。

（一）词类，词性的变换

古代汉语的词类，跟现代汉语的词类大致相同，总共可以分成十一类[①]，即名词、动词、形容词、数词、量词、代词、副词、介词、连词、助词、叹词。现在分别加以叙述。

1. 名词 表示人或事物的名称的词，叫作名词。例如：

> 其剑自舟中坠于水。（《吕氏春秋·刻舟求剑》）
> 黔无驴，有好事者船载以入。（柳宗元《黔之驴》）

[①] 关于词类，这里的说法和我主编的《古代汉语》略有不同，因这里要与中学语文课本的说法取得一致。

时大风雪,旌旗裂。(司马光《李愬雪夜入蔡州》)

2. 动词　表示人或事物的动作、行为、发展变化的词,叫作动词。例如:

一屠晚归,担中肉尽。(蒲松龄《狼》)
木兰当户织。(《木兰诗》)
谍报敌骑至。(徐珂《冯婉贞》)

在现代汉语里,动词下面还有三个附类:(1)判断词,即"是"字;(2)能愿动词,即"能够""会""可以""应该""肯""敢"等;(3)趋向动词,即"走来"的"来","放下"的"下","跳下去"的"下去"等。判断词和趋向动词在古代汉语里都是少见的(参看下文第三节),能愿动词则是常见的。例如:

以君之力,曾不能损魁父之丘。(《列子·愚公移山》)
郑人有欲买履者。(《韩非子·郑人买履》)
尔安敢轻吾射!(欧阳修《卖油翁》)

3. 形容词　表示人或事物的形状、性质的词,表示动作、行为、发展变化的状态的词,叫作形容词。例如:

寒暑易节。(《列子·愚公移山》)

肉食者鄙,未能远谋。(《左传·曹刿论战》)

将军身被坚执锐,伐无道,诛暴秦。(《史记·陈涉世家》)

4. 数词　表示数目的词叫作数词。例如:

而戍死者固十六七。(《史记·陈涉世家》)

一桌、一椅、一扇、一抚尺而已。(林嗣环《口技》)

策勋十二转,赏赐百千强。(《木兰诗》)

5. 量词　表示人或事物的单位的词,表示动作、行为的单位的词,叫作量词。例如:

距圆明园十里,有村曰谢庄。(徐珂《冯婉贞》)

欲穷千里目,更上一层楼。(王之涣《登鹳雀楼》)

军书十二卷,卷卷有爷名。(《木兰诗》)

孤帆一片日边来。(李白《望天门山》)

量词还可以细分为两种:一种是度量衡的单位和其他规定的单位,如"亩""卷"等,另一种是天然单位,如"匹""张"等。在现代汉语里,表示天然单位时,数词很少与名词直接组合,一般总有量词作为中介;在古代汉语里,表示天然单位时,数词经常与名词直接组合,不需要量词作为中介。例如"一桌、一椅、一扇、一抚尺",并不说成"一张桌、一把椅、一把扇、一把抚尺"。

量词又可以分为名量词、动量词。名量词是"个""只""张""把"等。动量词是"次""趟""回""下"等。在古代汉语里,不但名量词是罕用的,动量词也是罕用的。夏禹治水,"三过其门而不入",不说"过三次"。又如:

齐人三鼓。(《左传·曹刿论战》)

于是秦王不怿,为一击缻。(《史记·廉颇蔺相如列传》)

客莆田徐生为予三致其种。(徐光启《甘薯疏序》)

6. 代词 代替名词、动词、形容词或数量词的词,叫作代词。例如:

会长老,问之民所疾苦。(褚少孙《西门豹治邺》)

方欲行,转视积薪后,一狼洞其中,意将隧入以攻其后也。(蒲松龄《狼》)

余幼好此奇服兮。(《楚辞·涉江》)

余将告于莅事者,更若役,复若赋,则何如?(柳宗元《捕蛇者说》)

谁可使者？（《史记·廉颇蔺相如列传》）
吾终当有以活汝。（马中锡《中山狼传》）

7. 副词　有一类词，经常用在动词或形容词的前面，表示程度、范围、时间等，这类词叫作副词。例如：

度已失期。（《史记·陈涉世家》）
陈胜、吴广乃谋曰。（同上）
尉果笞广。（同上）
皆指目陈胜。（同上）
吴广素爱人。（同上）
膑亦孙武之后世子孙也。孙膑尝与庞涓俱学兵法。庞涓既事魏，得为惠王将军。（《史记·孙膑》）
于是宾客无不变色离席，奋袖出臂，两股战战，几欲先走。（林嗣环《口技》）

8. 介词　有一类词，同它后面的名词、代词等组合起来，经常用在动词、形容词的前面或后面，表示处所、方向、时间、对象等，这类词叫作介词。例如：

何不试之以足？（《韩非子·郑人买履》）
生乎吾后，其闻道也，亦先乎吾。（韩愈《师说》）

叫嚣乎东西,隳突乎南北。(柳宗元《捕蛇者说》)
乃取一葫芦置于地。(欧阳修《卖油翁》)

9. 连词 把两个词或两个比词大的单位连接起来的词,叫作连词。例如:

与王及诸公子逐射千金。(《史记·孙膑》)
既驰三辈毕,而田忌一不胜而再胜。(同上)
于其身也,则耻师焉。(韩愈《师说》)
居庙堂之高则忧其民;处江湖之远则忧其君。(范仲淹《岳阳楼记》)

10. 助词 助词附着在一个词、一个词组或一个句子上,起辅助作用。在现代汉语里,助词可以分为三类:(1)结构助词,如"的";(2)时态助词,如"着""了""过";(3)语气助词,如"啊""吗""呢""吧"。古代汉语文言文里,时态助词非常罕见(上古汉语没有时态助词),常见的只有结构助词和语气助词。例如:

遂率子孙荷担者三夫。(《列子·愚公移山》)
自此,冀之南,汉之阴,无陇断焉。(同上)
诸将请所之。(司马光《李愬雪夜入蔡州》)
(以上是结构助词。)

虎见之,庞然大物也。(柳宗元《黔之驴》)

今虽死乎此,比吾乡邻之死则已后矣。(柳宗元《捕蛇者说》)

(以上是语气助词。)

11. 叹词　表示感叹或呼唤应答的声音的词,叫作叹词。例如:

嗟乎!燕雀安知鸿鹄之志哉!(《史记·陈涉世家》)

嘻,技亦灵怪矣哉!(魏学洢《核舟记》)

以上十一类词可以合成两大类,即实词和虚词。能够单独用来回答问题、有比较实在的意义的词叫作实词;不能单独用来回答问题,也没有实在的意义,但是有帮助造句的作用的词叫作虚词。一般以名词、动词、形容词、数词、量词、代词为实词,副词、介词、连词、助词、叹词为虚词。但是代词所指人或事物是不固定的("他"可以指张三,也可以指李四),在古代汉语里,许多代词都不能单独用来回答问题(如"其""之"),所以从前的语法学家把代词归入虚词一类。下节讲虚词时,我们也是把代词归入虚词的。

词入句子以后,性质可以改变,如名词变动词、形容词变动词，等等。这叫作词性的变换。现在拣古代汉语里与现代汉语不同的三种词性变换提出来讲一讲。

（A）名词变动词　事物和行为发生某种关系，古人以事物的名称表示某种行为，于是名词变成了动词。例如：

石之铿然有声者，所在皆是也，而此独以钟名，何哉？（苏轼《石钟山记》）

人有百口，口有百舌，不能名其一处也。（林嗣环《口技》）

虎不胜怒，蹄之。（柳宗元《黔之驴》）

皆指目陈胜。（《史记·陈涉世家》）

乃钻火烛之。（《史记·孙膑》）

假舟楫者，非能水也，而绝江河。（《荀子·劝学》）

孔子师郯子、苌弘、师襄、老聃。（韩愈《师说》）

齐威王欲将孙膑。（《史记·孙膑》）

公将鼓之。（《左传·曹刿论战》）

策蹇驴，囊图书。（马中锡《中山狼传》）

先生之恩，生死而肉骨也。（同上）

大喜，笼归。（蒲松龄《促织》）

（B）形容词变动词　这又可以分为两种情况：第一种是使某物变成某种状况，叫作"使动"；第二种是把事物看成某种状况,叫作"意动"。

"使动"的例子:

敌人远我,欲以火器困我也。(徐珂《冯婉贞》)

(远我,是使我距离远。)

吾所以为此者,以先国家之急而后私仇也。(《史记·廉颇蔺相如列传》)

其必曰"先天下之忧而忧,后天下之乐而乐"乎。(范仲淹《岳阳楼记》)

乃出图书,空囊橐。(马中锡《中山狼传》)

(空囊橐,使囊橐空。)

专其利三世矣。(柳宗元《捕蛇者说》)

"意动"的例子:

贼易之。(柳宗元《童区寄传》)

("易",以为容易对付。)

刺史颜证奇之。(同上)

("奇",以为奇特。)

愬然之。(司马光《李愬雪夜入蔡州》)

(C) 不及物动词变及物动词 不及物动词是经常不带宾语的动词,及物动词是经常带宾语的动词。拿现代汉语说,"起来""下去"等是不及物动词,

"拿""打"等是及物动词。在古代汉语里，不及物动词变及物动词也是一种"使动"。例如：

> 广故数言欲亡，忿恚尉。(《史记·陈涉世家》)
> ("忿恚尉"是使尉发脾气。)
> 臣舍人相如止臣。(《史记·廉颇蔺相如列传》)
> ("止臣"是叫我不要这样做。)
> 然得而腊之以为饵，可以已大风、挛踠、瘘、疠，去死肌，杀三虫。(柳宗元《捕蛇者说》)
> ("已"是使止，"去"是使去。)
> 君将哀而生之乎？(同上)
> ("生"是使活下去。)
> 殚其地之出，竭其庐之入。(同上)
> ("殚""竭"都是使尽的意思。)
> 先生之恩，生死而肉骨也。(马中锡《中山狼传》)
> ("生死"是使死者复生。)
> 出图书，空囊橐。(同上)
> ("出"是使出，拿出来。)
> 下首至尾。(同上)
> ("下"是放下。)
> 又数刀，毙之。(蒲松龄《狼》)
> ("毙"是使毙，即杀死。)

（D）**名词用如副词（用作状语）** 副词是用作

状语的,如果名词用作状语,也就用如副词。例如:

> 肉食者谋之。(《左传·曹刿论战》)
> 而相如廷叱之。(《史记·廉颇蔺相如列传》)
> 得佳者笼养之。(蒲松龄《促织》)
> 有狼当道,人立而啼。(马中锡《中山狼传》)
> 猬缩蠖屈,蛇盘龟息。(同上)
> 道中手自抄录。(文天祥《指南录后序》)
> 将军身被坚执锐。(《史记·陈涉世家》)
> 元济于城上请罪,进城梯而下之。(司马光《李愬雪夜入蔡州》)

以上所讲的词性的变换,是古代汉语的主要特点之一,是值得特别注意的。

(二)虚词

虚词在汉语语法中起着很重要的作用。古代汉语的虚词和现代汉语的虚词有很大的差别。这里着重讲古代汉语的虚词。虚词不能全讲,只拣重要的、古今差别较大的来讲。我们不打算按词类分开讲,因为有些词是兼属两三类的。我们按音序来分先后,只是为了查阅的便利罢了。我们打算讲18个虚词,它们是:

1. ér 而	2. fú 夫	3. gài 盖
4. hū 乎	5. qí 其	6. shì 是
7. suǒ 所	8. wèi 为	9. yān 焉
10. yé 耶	11. yě 也	12. yǐ 以
13. yǐ 矣	14. yǔ 与	15. zāi 哉
16. zé 则	17. zhě 者	18. zhī 之

1. 而

"而"是连词。它有三种主要的用法。
第一种用法等于现代的"而且"。例如：

国险而民附。（《三国志·隆中对》）
号呼而转徙，饥渴而顿踣。（柳宗元《捕蛇者说》）
中峨冠而多髯者为东坡。（魏学洢《核舟记》）

但是，不是每一个"而"字都能译成现代的"而且"；有些"而"字只能不译，它只表示前后两件事的密切关系。例如：

自吾氏三世居是乡，积于今六十岁矣，而乡邻之生日蹙。（柳宗元《捕蛇者说》）
惑而不从师，其为惑也，终不解矣。（韩愈《师说》）

第二种用法等于现代的"可是""但是"。例如:

此用武之国,而其主不能守。(《三国志·隆中对》)
舟已行矣,而剑不行。(《吕氏春秋·刻舟求剑》)
狼亦黠矣,而顷刻两毙。(蒲松龄《狼》)
西人长火器而短技击。(徐珂《冯婉贞》)
以枪上刺刀相搏击,而便捷猛鸷终弗逮。(同上)

第三种用法是把行为的方式或时间和行为联系起来。这种"而"字也不能译成现代汉语。例如:

哗然而骇者,虽鸡狗不得宁焉。(柳宗元《捕蛇者说》)
捷禽鸷兽应弦而倒者,不可胜数。(马中锡《中山狼传》)
狼失声而遁。(同上)

除了上述三种用法之外,还有一种比较特殊的用法,就是当"如果"讲。例如:

诸君无意则已,诸君而有意,瞻予马首可也。(徐珂《冯婉贞》)

2. 夫

"夫"字有三种主要用法。

第一种"夫"字是助词，它用在句子开头，有引起议论的作用。有"我们须知""大家知道"的意味。例如：

夫解杂乱纷纠者不控卷，救斗者不搏撠。（《史记·孙膑》）

夫赵强而燕弱，而君幸于赵王，故燕王欲结于君。（《史记·廉颇蔺相如列传》）

夫寒之于衣，不待轻暖；饥之于食，不待甘旨。（晁错《论贵粟疏》）

夫六国与秦皆诸侯，其势弱于秦，而犹有可以不赂而胜之之势。苟以天下之大，而从六国破亡之故事，是又在六国下矣！（苏洵《六国论》）

夫羊，一童子可制之，如是其驯也，尚以多歧而亡；狼非羊比，而中山之歧可以亡羊者何限？（马中锡《中山狼传》）

第二种"夫"字是代词（指示代词），略等于现代的"这个""那个""那些"等，但是语意较轻。例如：

且鄙人虽愚，独不知夫狼乎？（马中锡《中山

狼传》）

故为之说，以俟夫观人风者得焉。（柳宗元《捕蛇者说》）

予观夫巴陵胜状，在洞庭一湖。（范仲淹《岳阳楼记》）

第三种"夫"字是语气助词，表示感叹语气。例如：

嗟夫！予尝求古仁人之心，或异二者之为，何哉？（范仲淹《岳阳楼记》）

悲夫！有如此之势，而为秦人积威之所劫，日削月割，以趋于亡。（苏洵《六国论》）

一人飞升，仙及鸡犬，信夫！（蒲松龄《促织》）

3. 盖

"盖"字是副词，表示"大概""大概是"。例如：

未几，敌兵果舁炮至，盖五六百人也。（徐珂《冯婉贞》）

尝贻余核舟一，盖大苏泛赤壁云。（魏学洢《核舟记》）

盖简桃核修狭者为之。（同上）

"盖"字又是句首助词，仍带一些"大概"的意味，表示下边说的话是一种带推测性的断定。例如：

盖儒者所争，尤在于名实。（王安石《答司马谏议书》）

盖将自其变者而观之，则天地曾不能以一瞬；自其不变者而观之，则物与我皆无尽也。（苏轼《前赤壁赋》）

"盖"字又是连词，表示"因为"的意思，仍带推测性的断定。例如：

余是以记之，盖叹郦元之简，而笑李渤之陋也。（苏轼《石钟山记》）

及敌枪再击，寨中人又鹜伏矣。盖借寨墙为蔽也。（徐珂《冯婉贞》）

4. 乎

"乎"是语气词，表示疑问，略等于现代的"吗"。这是最常见的用法。例如：

若毒之乎？（柳宗元《捕蛇者说》）

汝亦知射乎？吾射不亦精乎？（欧阳修《卖油翁》）

有时候表示反问。例如：

求剑若此，不亦惑乎？（《吕氏春秋·刻舟求剑》）
览物之情，得无异乎？（范仲淹《岳阳楼记》）

有时候表示揣测，略等于现代的"吧"。例如：

莫如以吾所长攻敌所短，操刀挟盾，猱进鸷击，或能免乎？（徐珂《冯婉贞》）

助词"乎"字又表示停顿，没有什么意义。例如：

知不可乎骤得，托遗响于悲风。（苏轼《前赤壁赋》）

"乎"又是介词，等于"于"字。例如：

生乎吾前，其闻道也，固先乎吾，吾从而师之；生乎吾后，其闻道也，亦先乎吾，吾从而师之。（韩愈《师说》）
叫嚣乎东西，隳突乎南北。（柳宗元《捕蛇者说》）

5. 其

"其"字是代词，等于现代的"他的""她的""它

的""他们的""她们的""它们的"。例如:

帝感其诚。(《列子·愚公移山》)
断其喉,尽其肉,乃去。(柳宗元《黔之驴》)

有时候,"其"字只能译成"他""她""它"等,不能译成"他的""她的""它的"等。但是这些"其"字及其后面的动词(及其宾语)只构成句子的一部分,不能成为完整的句子。例如:

未知其死也。(《史记·陈涉世家》)
(不能单说"其死"。)
其闻道也,固先乎吾。(韩愈《师说》)
(不能单说"其闻道"。)
惧其不已也。(《列子·愚公移山》)
(不能单说"其不已"。)

如果把现代汉语的"他死了"译成古代汉语的"其死矣",那是不合古代汉语语法的。

"其"字又等于说"其中的"。例如:

邺三老、廷掾常岁赋敛百姓,收取其钱得数百万,用其二三十万为河伯娶妇。(褚少孙《西门豹治邺》)

因得观所谓石钟者。寺僧使小童持斧,于乱石间择其一二扣之。(苏轼《石钟山记》)

"其"字又可以译成"那个""这种"。例如:

至其时,西门豹往会之河上。(褚少孙《西门豹治邺》)

臣窃以为其人勇士,有智谋。(《史记·廉颇蔺相如列传》)

有蒋氏者,专其利三世矣。(柳宗元《捕蛇者说》)

"其"字又是语气助词,放在句子开头或中间,表示揣测等语气。例如:

今其智乃反不能及,其可怪也欤!(韩愈《师说》)

6. 是

"是"字在古代汉语里,最普通的用法是用作代词,当"这""那"讲。例如:

孰知赋敛之毒有甚是蛇者乎?(柳宗元《捕蛇者说》)

是年谢庄办团。(徐珂《冯婉贞》)

"于是"二字连用,表示"在这个地方""在

这个时候"。有时候,"于是"的意思更空灵一些,表示后一事紧接前一事。例如:

> 于是集谢庄少年之精技击者而诏之曰。(徐珂《冯婉贞》)

上文说过,古代文言文一般不用判断词"是"字。在某些地方,虽然译成现代"是"字(判断词)似乎也讲得通,仍然应该译成"这""那"。例如:

> 是进亦忧,退亦忧。然则何时而乐耶?(范仲淹《岳阳楼记》)
> (这样,进也忧,退也忧,那么,什么时候才快乐呢?)

7. 所

"所"字是结构助词,它经常跟动词结合,造成一个具有名词性质的结构。例如:

> 鲁直左手执卷末,右手指卷,如有所语。(魏学洢《核舟记》)
> 君子慎其所立乎?(《荀子·劝学》)
> 女亦无所思,女亦无所忆。(《木兰诗》)
> 可汗问所欲。(同上)

婉贞挥刀奋斫,所当无不披靡。(徐珂《冯婉贞》)

"所"字也可以跟形容词结合。但是,在这种情况下,形容词已变为带动词的性质。例如:

莫如以吾所长攻敌所短。(徐珂《冯婉贞》)
("所长",等于说"所擅长";"所短",等于说"所欠缺"。)

"所"字和动词的中间,也可以插进副词或介词。例如:

自张柴村以东道路皆官军所未尝行。(司马光《李愬雪夜入蔡州》)
是吾剑之所从坠。(《吕氏春秋·刻舟求剑》)

在现代汉语里,没有什么虚词能跟"所"字相当;因此,有时候就沿用古代的"所"字。有时候,人们用"的"字译"所"字,如把"何所思"译成"想的是什么";有时候,人们用"什么……的"译"所"字,如把"如有所语"译成"好像有什么说的"。这些都只是译出大意,并不是说古代的"所"等于现代的"的"。

"所"字及其动词后面,有时候还可以跟着一

个"者"字。例如:

所击杀者无虑百十人。(徐珂《冯婉贞》)

又可以跟着一个名词或名词性词组。例如:

乃丹书帛曰"陈胜王",置人所罾鱼腹中。(《史记·陈涉世家》)

名词前面还可以加个"之"字,如"所罾之鱼"等。

特别要注意是"所以"二字连用。古代的"所以"不同于现代的"所以"。古代的"所以",是追究一个"为什么",或者说明"为了什么"。例如:

故君子居必择乡,游必就士,所以防邪僻而近中正也。(《荀子·劝学》)

(君子居必择乡,游必就士,是为了防邪僻,近中正。)

师者,所以传道受业解惑也。(韩愈《师说》)

(老师,是为了传授道理,教给学业,解释疑难问题的。)

余叩所以。(方苞《狱中杂记》)

(我问这是为什么。)

此所以染者众也。(同上)

(这就是染病人多的原因。)

"所"字另一用法是跟"为"字呼应,表法被动。例如:

仅有敌船为火所焚。(周密《观潮》)

这种"所"字,在文言白话对译中,也是可以不必翻译的。

8. 为

"为"(wèi)是介词,有"给""替""为了""因为"等意思。例如:

苦为河伯娶妇。(褚少孙《西门豹治邺》)
愿为市鞍马,从此替爷征。(《木兰诗》)

"为"(wéi)也是介词,跟"所"字呼应,表示被动。

这种"为"字可以译成"被"字。例如:

仅有敌船为火所焚。(周密《观潮》)
行将为人所并。(司马光《赤壁之战》)

"为"(wéi)又是语气助词,用在句末,往往与"何"字呼应,表示反问。例如:

如今人方为刀俎,我为鱼肉,何辞为?(《史记·鸿门宴》)

9. 焉

"焉"字等于介词"于"加代词"是"。放在一句的末尾。例如:

自此,冀之南,汉之阴,无陇断焉。(《列子·愚公移山》)

("无陇断焉",无陇断于是,即冀南汉阴无陇断。)

积水成渊,蛟龙生焉。(《荀子·劝学》)

("蛟龙生焉",蛟龙生于是,即生于渊中。)

去村四里有森林,阴翳蔽日,伏焉。(徐珂《冯婉贞》)

("伏焉",伏于是,即伏于森林之中。)

有时候,"焉"字并不表示"于是"的意思,只是用来煞句。例如:

寒暑易节,始一反焉。(《列子·愚公移山》)

句读之不知,惑之不解,或师焉,或不焉。(韩愈《师说》)

"焉"字又是副词,表示反问。等于现代的"怎么"或"哪里"。例如:

且焉置土石?(《列子·愚公移山》)

10. 耶

"耶"又写作"邪",是语气助词,表示疑问或反问。它比"乎"字语气较轻,略等于现代的"吗"。例如:

六国互丧,率赂秦耶?(苏洵《六国论》)

如果前面有疑问代词或疑问副词,则略等于现代的"呢"。例如:

又安敢毒耶?(柳宗元《捕蛇者说》)
何忧令名不彰邪?(刘义庆《世说新语·周处》)
岂可近耶?(柳宗元《童区寄传》)
主上宵旰,宁大将安乐时耶!(毕沅《岳飞》)

11. 也

"也"是语气助词,表示判断语气。在文白对译时,这种"也"字不必翻译,但是在译文中应该加一个判断词"是"字。例如:

陈胜者,阳城人也。(《史记·陈涉世家》)
(陈胜是阳城人。)
道之所存,师之所存也。(韩愈《师说》)
(道之所在,就是师之所在。)
此,劲敌也。(徐珂《冯婉贞》)
(这是强大的敌人。)

"也"字也可以解释疑问,说明原因。例如:

于是赵王乃斋戒五日,使臣奉璧,拜送书于庭。何者?严大国之威以修敬也。(《史记·廉颇蔺相如列传》)
强秦之所以不敢加兵于赵者,徒以吾两人在也。(同上)
吾所以为此者,以先国家之急而后私仇也。(同上)
臣所以去亲戚而事君者,徒慕君之高义也。(同上)

有时候,"也"字并非解释疑问或说明原因,而是表示简单的肯定和否定。这些地方可以翻译为

"是……的"或"啊""呢"等。例如:

> 子子孙孙无穷匮也。(《列子·愚公移山》)
> 并力西向,则吾恐秦人食之不得下咽也。(苏洵《六国论》)
> 小学而大遗,吾未见其明也。(韩愈《师说》)
> 则吾斯役之不幸,未若复吾赋不幸之甚也。(柳宗元《捕蛇者说》)

有时候,"也"字不是用来煞句,而是用来引起下面的分句。例如:

> 惩山北之塞,出入之迂也,聚室而谋曰。(《列子·愚公移山》)
> 于其身也,则耻师焉,惑矣。(韩愈《师说》)

12. 以

"以"字的用法颇多,现在只讲四种比较常见的用法。

(1)最常见的用法是用作介词,表示"拿""用"的意思。例如:

> 何不试之以足?(《韩非子·郑人买履》)
> 以残年余力,曾不能毁山之一毛。(《列子·愚

公移山》》)

敌人远我,欲以火器困我也。(徐珂《冯婉贞》)

(2)作为介词,表示"为了""因为""由于"。例如:

吾所以为此者,以先国家之急而后私仇也。(《史记·廉颇蔺相如列传》)

(这是"为了"。)

强秦之所以不敢加兵于赵者,徒以吾两人在也。(同上)

(这是"因为"。)

以我酌油知之。(欧阳修《卖油翁》)

(这是"由于"。)

(3)作为连词,表示目的,等于说"来"或"以便"。例如:

吾必尽吾力以拯吾村。(徐珂《冯婉贞》)

(尽我的力量来救我的村子。)

时墨者东郭先生将北适中山以干仕。(马中锡《中山狼传》)

(去中山以便求官。)

（4）作为连词，用去同"而"，可以译成"而且"。例如：

就其善者，其声清以浮，其节数以急。（韩愈《送孟东野序》）
古之君子，其责己也重以周，其待人也轻以约。（韩愈《原毁》）

13. 矣
"矣"字是语气助词，用在句末，等于现代的"了"或"啦"。例如：

舟已行矣。（《吕氏春秋·刻舟求剑》）
官军至矣！（司马光《李愬雪夜入蔡州》）
事急矣！（马中锡《中山狼传》）
我将逝矣。（同上）

14. 与
"与"字是连词，跟现代的"和"相当。例如：

吾与汝毕力平险。（《列子·愚公移山》）
尝与人佣耕。（《史记·陈涉世家》）

"与"又是介词，跟现代的"同"相当。例如：

此犹文轩之与敝舆也。(《墨子·公输》)
白沙在涅,与之俱黑。(《荀子·劝学》)

"与其"二字连用,跟后面的"孰若"相应,用来比较两件事的利害得失。例如:

与其杀是僮,孰若卖之?与其卖而分,孰若吾得专焉?(柳宗元《童区寄传》)

"与"又读 yú(阳平声),后来又写成"欤"。这是语气助词,用在句末,表示疑问,跟"耶"的意思差不多,也可以译成"吗"或"呢"。例如:

不知周之梦为胡蝶与,胡蝶之梦为周与?(《庄子·齐物论》)

有时候,"与"(欤)又表示一种感叹语气或揣测语气,略等于现代的"啊"或"吧"。例如:

将有作于上者,得吾说而存之,其国家可几而理欤?(韩愈《原毁》)

15. 哉

"哉"是语气助词,用在句末,表示感叹。可

译为"啊"。例如:

嘻,技亦灵怪矣哉!(魏学洢《核舟记》)

在多数情况下,"哉"字与疑问词相应表示反问,但仍带感叹语气。可以译为"吗"或"呢"。例如:

先生岂有志于济物哉?(马中锡《中山狼传》)
禽兽之变诈几何哉?(蒲松龄《狼》)

16. 则

"则"是连词,表示两件事的先后相承的关系。可以译为现代的"就"。例如:

非死则徒尔。(柳宗元《捕蛇者说》)
其余,则熙熙而乐。(同上)

有时候,"则"字应该译成"那么""那么……就"。例如:

君不如肉袒伏斧质请罪,则幸得脱矣。(《史记·廉颇蔺相如列传》)
三十日不还,则请立太子为王,以绝秦望。(同上)
君将哀而生之乎?则吾斯役之不幸,未若复吾

赋不幸之甚也。向吾不为斯役,则久已病矣。(柳宗元《捕蛇者说》)

17. 者

"者"字是结构助词,它经常附在动词或形容词的后面,组成名词性的结构。一般可把"者"字译成"的"。例如:

存者且偷生,死者长已矣!(杜甫《石壕吏》)

有时候,译成"的人"更合适些。例如:

募有能捕之者。(柳宗元《捕蛇者说》)
京中有善口技者。(林嗣环《口技》)

有时候,"者"字不再能译为"的",它只是和前面的字合成一个名词。例如:

时墨者东郭先生将北适中山以干仕。(马中锡《中山狼传》)
向者霸上、棘门军,若儿戏耳。(《史记·周亚夫军细柳》)

"者"字又是语气助词,用作句末,等于现代的"似的"。例如：

> 言之，貌若甚戚者。（柳宗元《捕蛇者说》）
> 然往来视之，觉无异能者。（柳宗元《黔之驴》）

"者"字又放在小停顿的前面（在书面语言中放在逗号前面），表示下面将要有所解释。例如：

> 北山愚公者，年且九十，面山而居。（《列子·愚公移山》）
> 诸葛孔明者，卧龙也。（《三国志·隆中对》）
> 师者，所以传道受业解惑也。（韩愈《师说》）
> 开火者，军中发枪之号也。（徐珂《冯婉贞》）

如果要解释原因，也可以采取这个方式。例如：

> 强秦之所以不敢加兵于赵者，徒以吾两人在也。（《史记·廉颇蔺相如列传》）
> 吾所以为此者，以先国家之急而后私仇也。（同上）

18. 之

"之"字有两种主要用法。一种是用作代词，另一种是用作结构助词。

"之"字用作代词，表示"他""她""它""他

们""她们""它们",但是只能用在动词的后面,不能用在动词的前面。例如:

郑人有欲买履者,先自度其足而置之其坐。至之市,而忘操之。(《韩非子·郑人买履》)
有遗男,始龀,跳往助之。(《列子·愚公移山》)

注意:有些"之"字虽可解释为"它",但不能翻译为"它"。现代汉语在这种地方用"它"就很别扭。这也是古今语法不同的地方。例如:

"吾祖死于是,吾父死于是。今吾嗣为之十二年,几死者数矣。"言之,貌若甚戚者。(柳宗元《捕蛇者说》)
("之"指"吾祖死于是,吾父死于是……"这一件事。)
以吾酌油知之。(欧阳修《卖油翁》)
("之"指手熟就能善射的道理。)

有时候,甚至前面没有说到什么,也可以来一个"之"。例如:

怅恨久之。(《史记·陈涉世家》)
人非生而知之者,孰能无惑?(韩愈《师说》)

如有离违，宜别图之。（司马光《赤壁之战》）

"之"字用作结构助词，使名词和前面的词发生关系，略等于现代的"的"字。例如：

故不登高山，不知天之高也；不临深谿，不知地之厚也。（《荀子·劝学》）
生于高山之上，而临百仞之渊。（同上）

有时候，"之"字后面不是一个名词，而是颇长的一个结构，那么，这个结构也该认为带有名词的性质。例如：

则吾恐秦人食之不得下咽也。（苏洵《六国论》）

下文第五节讲到"句子的词组化"时，还要再讲这个问题。

（三）句子的构成，判断句

一般的句子由主语和谓语两部分组成。主语部分是陈述的对象，谓语部分就是陈述的话。例如：

妇‖抚儿。（林嗣环《口技》）
黔‖无驴。（柳宗元《黔之驴》）

主语部分里的主要的词叫作主语；谓语部分里的主要的词叫作谓语。例如：

君之病‖在肠胃。（《韩非子·扁鹊见蔡桓公》）
（"病"，主语；"在"，谓语。）
公‖亦以此自矜。（欧阳修《卖油翁》）
（"公"，主语；"矜"，谓语。）

句子里除了主语和谓语以外，还常常要用一些词作连带成分。一般讲连带成分，指的是宾语、定语、状语。

宾语表示行为所涉及的人或物，一般放在动词的后面，如上面所举"抚儿"的"儿"，"无驴"的"驴"，"在肠胃"的"肠胃"。又如：

亮躬耕陇亩。（《三国志·隆中对》）
老翁逾墙走，老妇出门看。（杜甫《石壕吏》）

定语放在名词的前面，用来修饰、限制名词。例如上文所举"老翁"的"老"，"君之病"的"君"。又如：

阿爷无大儿，木兰无长兄。（《木兰诗》）
以刀劈狼首。（蒲松龄《狼》）

状语是动词、形容词前边的连带成分,用来修饰、限制动词、形容词的。例如上面所举"公亦以此自矜"的"亦""以此""自","晋陶渊明独爱菊"的"独","故人西辞黄鹤楼"的"西"。又如:

其剑自舟中坠于水。(《吕氏春秋·刻舟求剑》)
于厅事之东北隅施八尺屏障。(林嗣环《口技》)
儿含乳啼。(同上)
宾客意少舒。(同上)

由于谓语性质的不同,句子可以分为三类:(1)叙述句;(2)描写句;(3)判断句。

叙述句以动词为谓语。例如:

诸将请所之。(司马光《李愬雪夜入蔡州》)
四鼓,愬至城下。(同上)

描写句以形容词为谓语。例如:

雄兔脚扑朔,雌兔眼迷离。(《木兰诗》)
夜半雪愈甚。(司马光《李愬雪夜入蔡州》)

判断句以名词为谓语。例如:

吴广者,阳夏人也。(《史记·陈涉世家》)
其巫,老女子也。(褚少孙《西门豹治邺》)

以上所述汉语句子的构成,大多数情况都是古今语法一致的,所以不详细加以讨论。现在只提出判断句来讨论一下,因为古代汉语的判断句和现代汉语的判断句却是大不相同的。

在古代汉语里,判断句一般不是由判断词"是"字来表示的。最普通的判断句是在主语后面停顿一下(按现代的标点是用逗号表示),再说出谓语部分(即判断语),最后用语气词"也"字收尾。例如:

浙江之潮,天下之伟观也。(周密《观潮》)
(浙江的海潮是天下雄伟的景象。)

有时候,主语后面加上一个"者"字,更足以表示停顿。例如:

师者,所以传道受业解惑也。(韩愈《师说》)

有时候,判断语很短,虽然主语后面加上"者"字,"者"字后面也不停顿。例如:

杨诚斋诗曰"海涌银为郭,江横玉系腰"者是也。

（周密《观潮》）

（杨诚斋诗里说的"海涌银为郭，江横玉系腰"，就是指这样的景象。这里的"是"字不是判断词，而是代词，指这样的景象。）

如果主语是个代词，中间一般就没有停顿（按现代的标点不加逗号），但是仍旧不用判断词"是"字。例如：

我区氏儿也。（柳宗元《童区寄传》）
（我是区家的孩子。）
此谋攻之法也。（孙子《谋攻》）
（这是用谋略攻取的方法。）
谁可使者？（《史记·廉颇蔺相如列传》）
（谁是可以出使的人？）

有时候，句子开头有个"是"字，但这种"是"字不是判断词，而是代词（等于现代语的"这"）。例如：

星坠木鸣，国人皆恐。曰：是何也？曰：无何也。是天地之变，阴阳之化，物之罕至者也。（荀子《天论》）
（"是"字都应翻译作"这是"。）

有时候，句子里没有主语（主语省略了），只有谓语（判断语），更用不着判断词"是"字。例如：

> 对曰："忠之属也。"（《左传·曹刿论战》）
> （曹刿说："这种事是尽了本职的一类事情。"）
> 虎见之，庞然大物也。（柳宗元《黔之驴》）
> （那驴是庞然大物。）
> 旋见一白酋督印度卒约百人，英将也。（徐珂《冯婉贞》）
> （一会儿看见白人头子率领着大约一百名印度兵，那就是英国的军官。）

有两个字能有判断词的作用：第一个是"非"字，第二个是"为"字。

"非"字可以认为一种否定性的判断词，略等于现代语的"不是"。例如：

> 人非生而知之者，孰能无惑？（韩愈《师说》）

"为"字可以认为一种肯定性的判断词，略等于现代语的"是"。例如：

> 自冯瀛王始印五经，已后典籍皆为板本。（沈括《活板》）

（五代冯道时开始印五经，从此以后，书籍都是板印的本子。）

若止印三二本，未为简易。（同上）

（如果只印两三本，不能算是简便。）

若印数十百千本，则极为神速。（同上）

（如果印数十、数百、数千本，那就是非常快速的。）

但是要注意：并不是所有的地方都用得上"为"字。例如"童寄者，郴州荛牧儿也"，在古代汉语里就很少人写成"童寄为郴州荛牧儿"，而且绝对没有人写成"童寄为郴州荛牧儿也"。

古代汉语里也不是绝对不用判断词"是"字，汉代以后，比较通俗的诗文还是用判断词"是"字的。例如：

翩翩两骑来是谁？（白居易《卖炭翁》）

（两个骑马的人翩翩而来，他们是谁呀？）

但是，就通常情况说，古代汉语是不用判断词"是"字的。这一点必须特别注意。

（四）"倒装"句

古代汉语的句子和现代汉语的句子，结构方式不很一样。有时候，宾语放在动词的前面，若拿现代语的句法来比较，觉得用词的次序颠倒了，可以叫作"倒装句"。不过，在古人看来，却并非"倒装"，因为古代这种句法是正常的句法。现在分为四种情况来讲。

1. 疑问句 在古代汉语的疑问句里，如果宾语是个代词，它就放在动词或介词的前面。例如：

卿欲何言？（司马光《赤壁之战》）
（你想说什么？）
客何为者？（《史记·鸿门宴》）
（这客人是干什么的？）

介词"与""以"本来有动词性，它的宾语也该放在它的前面。例如：

微斯人，吾谁与归？（范仲淹《岳阳楼记》）
（不是这样的人，我跟谁在一起呢？）
何以知之？（《史记·廉颇蔺相如列传》）
（你凭什么知道呢？）

注意：宾语必须是个代词，然后可以"倒装"。如果宾语不是代词，就不能"倒装"。

2. 否定句 在古代汉语否定句里，如果宾语是

个代词,它就放在动词前面。例如:

古之人不余欺也。(苏轼《石钟山记》)
(古人不骗我。)
每自比于管仲、乐毅,时人莫之许也。(《三国志·隆中对》)
(当时没有谁承认他能比管仲、乐毅。)
城中皆不之觉。(司马光《李愬雪夜入蔡州》)
(城里人都没觉察它。"它"指官兵进城这回事。)

注意一:宾语必须是代词,然后可以"倒装"。如果宾语不是代词,即使是否定式,也不能"倒装"。例如"不闻爷娘唤女声"(《木兰诗》)不能说成"不爷娘唤女声闻"。"遂不得履"(《韩非子·郑人买履》)也不能说成"遂不履得"。

注意二:否定词必须是直接放在代词宾语前面的,然后宾语可以"倒装"。如果句中虽有否定词但不是直接放在代词宾语前面,就不能"倒装"。例如:

板印书籍,唐人尚未盛为之。(沈括《活板》)
(不能说成"未盛之为"。)
不以木为之者,文理有疏密,沾水则高下不平。(同上)
(不能说成"不以木之为"。)

3. "是以" "是以"这个词组也算"倒装",因为"是以"是"以是"的颠倒,是"因此"的意思(是=此;以=因)。例如:

今在骨髓,臣是以无请也。(《韩非子·扁鹊见蔡桓公》)

4. "之""是" "之"和"是"是使句子"倒装"的一种手段。说话人把宾语提到动词前面去,只要把"之"或"是"插在宾语和动词的中间就行了。例如:

富而使人分之,则何事之有?(《庄子·天地》)
(富而让人分享,还有什么事呢?)
唯余马首是瞻。(《左传·襄公十四年》)
(只看我的马头。)

以上所述的"倒装句"都是上古时代的语法。到了中古以后,口语已经变为"顺装",但是在文人的作品里,这种"倒装句"还是沿用下来了。

(五)句子的词组化

两个或更多的词的组合,叫作词组。词和词并列地联合起来,叫作联合词组,如"工农"。定语、状语、补语和中心词组合起来,叫作偏正词组,如"中国人民的革命斗争"。动词和宾语组合起来,叫作动宾词组,如"战胜敌人"。主语和谓语组合起来做句子的一个成分的,叫作主谓词组,如"人民相信革命一定会胜利","我们不知道你来"。

在古代汉语里(特别是上古汉语里),主谓词组很少。凡主语和谓语组合起来,往往算是一个句子;如果要使它词组化,作为主语或宾语,还得在主语和谓语之间加上一个"之"字,使它变为偏正词组。例如:《史记·廉颇蔺相如列传》"即患秦兵之来",若依现代汉语语法,只说"就怕秦兵来"就行了("秦兵来"在这里是个主谓词组);但若依上古汉语语法,"即患秦兵来"不成话,必须说成"即患秦兵之来"("秦兵之来"是偏正词组)。我们从古代汉语译成现代汉语的时候,可以省去"之"字不译,只译成"就怕秦兵来",但是,我们讲古代汉语语法的时候,仍应理解为"就怕秦兵的到来",看成偏正词组。这又是古代汉语的重要特点之一。

既然古代汉语的主语和谓语结合起来一般只构成句子而不构成词组,那么这种在主语和谓语中间插进一个"之"字的方式也就可以称为词组化。例如:

故不登高山,不知天之高也;不临深谿,不知地之厚也;不闻先王之遗言,不知学问之大也。(《荀

子·劝学》)

且夫水之积也不厚,则其负大舟也无力。(《庄子·逍遥游》)

吾师道也,夫庸知其年之先后生于吾乎?(韩愈《师说》)

师道之不传也久矣!欲人之无惑也难矣!(同上)

呜呼!师道之不复,可知矣。(同上)

悍吏之来吾乡,叫嚣乎东西,隳突乎南北。(柳宗元《捕蛇者说》)

岂若吾乡邻之旦旦有是哉!(同上)

比吾乡邻之死则已后矣。(同上)

有时候,词组化了以后,并不作为主语,也不作为宾语,只作为不完全句,表示感叹。例如:

医之好治不病以为功!(《韩非子·扁鹊见蔡桓公》)

天之亡我,我何渡为!(《史记·项羽本纪》)

(这是天要我灭亡!我还渡江做什么!)

这种表示感叹的不完全句,中古以后就很少见了。

"其"字的意义是"××之",所以"其"字的作用和"之"字的作用一样,也能使主谓形式词组化。例如:

操蛇之神闻之,惧其不已也。(《列子·愚公移山》)

("其不已"是"惧"的宾语。)

秦王恐其破璧。(《史记·廉颇蔺相如列传》)

("其破璧"是"恐"的宾语。)

(六)双宾语

在现代汉语"给他书"这个结构里,共有两个宾语:第一个宾语是"他",因为它和动词接近,叫作近宾语;第二个宾语是"书",因为它距离动词较远,叫作远宾语。近宾语是个代词,远宾语是个名词。

在古代汉语里,"给他书"可以译成"与之书"。这类结构是常见的。但是,在古代并不限于说"给予"的时候才用双宾语。双宾语在古代汉语里的应用,比现代汉语还要广泛些。例如:

议不欲予秦璧。(《史记·廉颇蔺相如列传》)

("秦",近宾语;"璧",远宾语。)

相如视秦王无意偿赵城。(同上)

("赵",近宾语;"城",远宾语。)

问之民所疾苦。(褚少孙《西门豹治邺》)

("之",近宾语;"民所疾苦"远宾语。)

使人遗赵王书。(《史记·廉颇蔺相如列传》)
("赵王",近宾语;"书",远宾语。)
取吾璧,不予我城,奈何?(同上)
("我",近宾语;"城",远宾语。)

双宾语中的近宾语,往往用"我""之"等字。当译成现代汉语时,可以译为"给我""给他""为了我""为了他""对我""对他"等。

(七)省略

古代汉语另有一种结构也显得比现代汉语简单些,那就是所谓"省略"。"省略"是省掉句子里的一个部分,如省掉主语(《晏子使楚》:"对曰:'〔 〕齐人也。'");或者是省掉一个词。这里我们专讲省略一个词的情况,因为这种省略不但是常见的,而且是容易忽略的。

1."于"字的省略

动宾词组中,宾语如果是代词(有时候是名词),而后面的介词结构是"于"字加名词,那么,这个"于"字往往省略。例如:

西门豹往会之河上。(褚少孙《西门豹治邺》)
(等于说"会之于河上"。)
复投一弟子河中。(同上)

(等于说"投一弟子于河中"。)
以区区百人,投身大敌。(徐珂《冯婉贞》)
(等于说"投身于大敌"。)

如果谓语是个不及物动词,谓语后面的介词是"于"字加名词,这个"于"字也往往省略。例如:

皆衣缯单衣,立大巫后。(褚少孙《西门豹治邺》)
(等于说"立于大巫后"。)

如果谓语是个形容词,谓语后面的介词是"于"字加名词或名词性词组,介词结构表示"在……方面",这个"于"字也往往省略。例如:

西人长火器而短技击。(徐珂《冯婉贞》)
(等于说"长于火器而短于技击"。)
火器利袭远,技击利巷战。(同上)
(等于说"火器便于袭远。技击便于巷战"。)

如果谓语是个形容词,而介词结构表示比较,"于"字也往往省略。例如:

是儿少秦武阳二岁。(柳宗元《童区寄传》)
(等于说"少于秦武阳二岁"。)

2. 介词后面代词的省略

介词如果是个"为"字(读 wèi,为着,为了),或者是个"以"字,介词后面是个代词(一般是"之"字),这个代词可以省略。例如:

女居其中。为具牛酒饭食。(褚少孙《西门豹治邺》)
(等于说"为之具牛酒饭食"。)
愿为市鞍马,从此替爷征。(《木兰诗》)
(等于说"愿为此买鞍马"。)
愿以闻于官。(柳宗元《童区寄传》)
(等于说"愿以之闻于官"。)

所谓"省略",其实只是习惯上容许的另一种结构,不能理解为非正式的、例外的。"为具牛酒饭食",并不比"天子为之具牛酒饭食"更少见,"愿以闻于官"并不比"愿以之闻于官"更少见。"于"字的省略,也同样不能理解为非正式。

本章讲的是古代汉语语法,特别着重讲了古今语法不同之点。为了便于初学,叙述得特别简单。如果要深入研究古代汉语语法,还要看一些专书。

文言的学习

文言和语体是对立的，然而一般人对于二者之间的界限常常分不清。普通对于语体的解释是依照白话写下来的文章，反过来说，凡不依照白话写下来的，就是文言。这种含糊的解释就是文言和语体界限分不清的原因。所谓"白话"，如果是指一般民众的口语而言，现在书报上的"白话文"十分之九是名不副实的，所以有人把它叫作"新文言"。如果以白不白为语体文言的标准，"新文言"这个名词是恰当的。但是，现在书报上又有所谓文言文，它和语体文同样是和一般民众的口语不合的。那么，文言和语体又有什么分别呢？原来这种文言文就是把若干代词和虚词改为古代的形式，例如"他们"改为"彼等"，"的"改为"之"，等等。它和语体文的分别确是很微小的。如果语体文可称为"新文言"的话，这种文言文可称为"变质的新文言"，或"之乎者也式的新文言"。

这种"变质的新文言"如果写得很好，可以比白话文简洁些。有人拿它来比宋人的语录。在简洁一点上，它们是相似的。但是，宋人的语录是古代词汇之中杂着当时的词汇，语法方面差不多完全是当时的形式。现在那些"变质的文言文"所包含的成分却复杂得多了，其中有古代的词汇，有现在口语的词汇，有欧化的词汇；有古代的语法，有现代口语的语法，有欧化的语法。总算起来，欧化的成分最多，现代口语的成分次之，古代的词汇又次之，古代的语法最少。由此看来，现在一般所谓文言文并不是民国初年所谓文言文，后者是严复、林纾一派的文章，是由古文学来的，前者却是纯然现代化的产品，古文的味儿几乎等于零了。

现在一般人所谓文言文，既可称为"变质的文言文"，又可称为"变质的语体文""白话化的文言""文言化的白话"，等等。这些都可以说明，它和语体文是没有界限可言的。但是，我们所谓文言却和现在一般人所谓文言不同，它是纯然依照古代的词汇、语法、风格和声律写下来的，不杂着一点儿现代的成分。若依我们的定义，文言和语体就大有分别了。语体文是现代人说的现代话，心里怎样想，笔下就怎样写。有时候某一些人所写的话超出了一般民众口语的范围，这是因为他们的现代知识比一般民众的高，他们的"话"实在没有法子迁就一般民众的"话"，然而他们并没有歪曲他们的"话"，去模仿另一个时代的人的文章。文言文却不是这样。作者必须把自己的脑筋暂时变为古人的脑筋，学习古人运用思想的方式。思想能像19世纪中国人的思想就够了，至于词汇、语法、风格和声律四方面，却最好是回到唐宋或两汉以前，因为文言文是以古雅为尚的。必须是这样的文言，才和语体有根本的差异。我们必须对于文言给予这样的定义，然后这一篇文章才有了立论的根据。

说到这里，读者应该明白我们为什么向来不主张一般青年们用文言文写作了。我们并不排斥那种"白话化的文言"。我们只以为它和普通的语体文的性质相似到那种地步，语体文写得好的人也就会写它，用不着一本正经地去学习。至于我们所谓文言，纯然古文味儿的，却不是时下的一般青年所能写出来的。科举时代，读书人费了十年或二十年的苦功，专门揣摩古文的"策法"，尚且有"不通"的。现代青年们的脑子不是专装古文的了；英文、数学之类盘踞了脑子的大部分，只剩下一个小角落给国文，语体还弄不好，何况文言？中学里的国文教员如果教学生写两篇"白话化"的文言文，我们还不置可否，如果教他们正经地揣摩起古文来，我们就认为是误人子弟。因为学不好固然是贻笑大方，学好了也是作茧自缚。文章越像古文，就越不像现代的话。身为现代的人而不能说现代的话，多难受！况且在学习古文的时候不知不觉地学会了古人运用思想的方式，于是空疏、浮夸、不合逻辑，种种古人易犯的毛病都来了。所以即使学到了三苏的地步，仍旧是得不偿失。

什么时候可以学习文言呢?我们说是进了大学之后。什么人可以学习文言呢?我们说是中国语言文学系的学生。研究中国语言史的人,对于古代语言,不能不从古书中寻找它的形式。研究中国文学史的人,更不能不研究历代的文学作品。语史学家对于古文,要能分析;文学史家对于古文,要能欣赏。然而若非设身处地,做一个过来人,则所谓分析未必正确,所谓欣赏也未必到家。甲骨文的研究者没有一个不会写甲骨文的,而且多数写得很好。他们并非想要拿甲骨文来应用,只是希望写熟了,研究甲骨文的时候可以得到若干启发。语言史和文学史的研究者也应该明白这个道理,如果你对于文言的写作是个门外汉,你并不算是了解古代的语言和文学——至少是了解得不彻底。

但是,模仿古人,真是谈何容易!严格地说起来,自古至今没有一个人成功过。拟古乃是一种违反自然的事情。自己的口语如此,而笔下偏要如彼,一个不留神,就会露出马脚来。姚鼐、曾国藩之流,总算是一心揣摩古文了,咱们如果肯在他们的文章里吹毛求疵,还可以找出若干欠古的地方。至于一般不以古文著名的文人,就更常常以今为古了。例如《三国演义》里所记载的刘备给诸葛亮的一封信:

备久慕高名,两次晋谒,不遇空回,惆怅何似!

窃念备汉朝苗裔，滥叨名爵，伏睹朝廷陵替，纲纪崩摧，群雄乱国，恶党欺君，备心胆俱裂。虽有匡济之诚，实乏经伦之策。仰望先生仁慈忠义，慨然展吕望之大才，施子房之鸿略，天下幸甚！社稷幸甚！先此布达，再容斋戒薰沐，特拜尊颜，面倾鄙悃。统希鉴原。

如果现代的人能写这样一封文言的信，该算是很好的了。但是，汉末的时代却绝对不会有这样的文章。"先此布达""统希鉴原"一类的话是最近代的书信客套，不会早到宋代。至于排偶平仄，整齐到这种地步，也不会早到南北朝以前。单就词汇而论，也有许多字义不是汉代所有的。现在试举出几个显而易见的例子来说：

1."两次晋谒"的"两次"，汉代以前只称为"再"。《左传·文公十五年》"诸侯五年再相朝"，就是"五年相朝两次"的意思。《谷梁传·隐公九年》"八日之间再有大变"，也就是"八日之间有两次大变"的意思。中古以前，行为的称数法不用单位名词（如"次"字之类），这里是词汇和语法都不合。

2."不遇空回"的"回"，汉代以前只叫"反"。《论语》"吾自卫反鲁"，《孟子》"则必餍酒肉而后反"，都是"回"的意思。汉代以前的"回"只能有"迂回""潆洄""邪""违"一类的意思。

3."滥叨名爵"的"叨","再容斋戒薰沐"的"再","特拜尊颜"的"特",等等,也都是当时所没有的词汇。

依古文家的理论看来,这一封信的本身也不是最好的文章,因为它的格调不高。所谓格调不高者,也就是词汇、语法、风格、声律四方面都和两汉以前的文章不相符合的缘故。

咱们现在模仿清代以前的古文,恰像罗贯中模仿汉末或三国时代的古文一样的困难。虽然咱们距离清代比罗氏距离三国近些,但是,这几十年来,语文的变迁竟敌得过四五个世纪而有余。自从白话和欧化两种形式侵进了现代文章之后,咱们实在很难辨认它和海通以前的正派文章有多少不同之处。然而咱们必须先能辨认文言文的特质,然后才能进一步学习文言文。现在我们试按照上面所说的词汇、语法、风格、声律四方面,谈一谈文言文的特质和学习文言文的方法。

(一)词汇

词汇自然是越古越好。因此,每写一句文言之前,须得先做一番翻译的工夫。譬如要说"回",就写作"返"(或"反");要说"走",就写作"行";要说"离开",就写作"去";要说"住下",就写作"留";要说"甜",就写作"甘";要说"阔",

就写作"广";要说"才"("你这个时候才来"),就写作"始";要说"再"("说了三次他不肯,我不想再说了"),就写作"复"。其间有些是可以过得去的,例如以"回"代"返",以"甜"代"甘",以"阔"代"广",虽然欠古,却还成文;有些是清代以前认为绝对不行的,例如以"走"代"行",以"离"代"去",以"住下"代"留",以"才"代"始",以"再"代"复",等等,简直是不文。

词汇虽然越古越好,却也要是历代沿用下来的字。有些字的古义未有定论,或虽大家承认上古时代有这个意义,而后世并没有沿用者,咱们还是不用的好。例如《诗·小雅·頍弁》篇"尔殽既时",《毛传》说"时,善也",后世并未沿用这个字义,咱们也就不能写出"其言甚时"或"其法不时"一类的话。

一般人对于文言的词汇有一种很大的误会:他们认为越和咱们的口语相反的字越古。其实有些字的寿命很长,可以历数千年而不衰;有些字的寿命很短,只有几百年或几十年存在于人们的口语里。例如"哭"字和"泣"字都是先秦就有了的;现代白话里有"哭"字没有"泣"字,咱们不能因此就认为后者比前者古雅。又如"裹"字,很像是现代白话里专有的字,然而《诗·邶风》已有"绿衣黄裹",《左传·僖公二十八年》又有"表裹山河",

前者是指衣裳的里子,后者已经引申为"内"的意义了。至于像唐李邕《麓山寺碑》的"月窥窗裏",简直和现代白话的"里"字是完全一样的意义了。相反的情况例如"憨"字,它虽然对于一般人是那样陌生,但它却是南北朝以后的俗语,用于诗词则可,用于散文则嫌不够古雅。又如"偌"字,当"如此"或"如彼"讲。"偌"字对于一般人,当然比"如此"或"如彼"要陌生得多;然而"偌多""偌大"并不比"如彼其多""如彼其大"更古雅。相反地,后者比前者古雅得多了,因为《孟子》说过"管仲得君,如彼其长也;行乎国政,如彼其久也;功烈,如彼其卑也",其中正作"如彼";而"偌"字非但不见于古书,而且不见于现代正派的文章。由此类推,写文言文的时候,与其说"尪",不如说"弱";与其说"慵",不如说"嬾"(懒);与其说"夥",不如说"多";与其说"叵",不如说"不可";与其说"棘手",不如说"难为"。案牍上的词汇,向来是被古文家轻视的;因此,"该生""该校""殊属非是""即行裁撤"之类,用于公文则可,用于仿古的文言文则适足以见文品之卑。所以咱们不能因它们违反白话就认为是最古雅的词句。

  典故也往往是和现代口语违异的,但也不一定可称为最古雅的话。咱们试想:典故是根据古人的话造出来的,上古的人得书甚难,怎么能有许多典故？到了汉代的文人，才偶然以经书的典故入文；然而汉赋中也只着重在描写景物，不着重在堆砌典故。堆砌典故盛于南北朝，初唐还有这种风气。自从韩愈、柳宗元以后，古文家又回到两汉以前那种不以典故为尚的风气了。咱们现在学习文言，除了特意模仿骈体之外，最好是避免堆砌典故。因此，说"龙泉"不如说"宝剑"，说"钟期"不如说"知己"，说"弄璋"不如说"生子"，说"鼓盆"不如说"丧妻"。因为典故的流行远在常语之后。例如"生子"二字见于《诗·大雅·生民》篇（"不康禋祀，居然生子"），而"弄璋"用为"生子"的意义恐怕是最近代的事。至于"玉楼赴召""驾返瑶池"一类的滥套，连骈体文中也以不用为高，普通的文言更不必说了。

方言的歧异也往往被认为古今的不同。自从北平的方言被采用为国语之后，有些人对于自己的方言竟存着"自惭形秽"的心理，以国语为雅言，以自己的方言为俚语。其实，如果以古为雅的话，国语并不见得比各地的方言更雅。北平话和多数官话都叫"头"作"脑袋"，叫"颈"作"脖子"，显然地，"脑袋"和"脖子"是俚语，"头"和"颈"是雅言。这是大家都知道的。但是，像广东人称"大小"为"大细"，似乎是俚语，官话和吴语以"细"为"粗"之反，似乎才是雅言。这种地方就容易令人迷惑了。实际上，"细"和"小"在古代一般地是"大"之反，所以老子说:"图难于其易,为大于其细。"《韩非子·说难》:"与之论大人,则以为间己矣;与之论细人,则以为卖重。"《汉书·匈奴传》:"朕与单于皆捐细故,俱蹈大道也。"在某一些情况之下,"细"比"小"还要妥些,例如粤语谓小的声音为"细声",古代对于声音的小正称为"细",不大看见叫作"小"。至于"细"当"粗细"讲,来源也很早,例如"细腰""细柳"之类,但是这种"细"字只是"长而小"的意思。现在官话和吴语谓不精致为"粗",精致为"细",却是古语所没有的。这一个例子可以说明,每一个方言里都有合于古语的词汇,咱们非但不必努力避免现代口语,而且不必避免方言。一切都应该以语言的历史为标准。

相传唐代诗人刘禹锡要做一首重阳诗,想用"餻"字,忽然想起五经中没有这个字,就此搁笔。宋子京作诗嘲笑他道:"刘郎不敢题餻字,虚负诗中一世豪。"其实,古代文人像刘禹锡的很多。因为大家受了"不敢题餻"的约束,数千年来的文言文里的词汇才能保持着相当的统一性。假使每一个时代的每一个文人都毫无顾忌地运用当时口语和自己的方言,那么,写下来的文章必然地比现在咱们所能看见的难懂好几倍。但是,古人都并非因为希望后人易懂而甘心受那不敢题"餻"的约束,他们只是仰慕圣贤,于是以经史子集的词汇为雅言。"古"

和"雅",在历代的文人看来,是有连带关系的。咱们如果要学习文言,得先遵守这第一个规律。

(二)语法

古代的语法,比古代的词汇更不容易看得出来。现代书报中的"文言文",较好的也往往只能套取古代的若干词汇,而完全忽略了古代的语法。关于后者,可以写得成一部很厚的书,我们并不想在这里作详细的讨论。只提出几点重要的来说:

第一,中国上古没有系词"是"字;而"为"字也不是纯粹的系词(例证见于拙著《中国文法中的系词》)。古代只说"孔子,鲁人",或"孔子,鲁人也";非但不说"孔子是鲁人",而且通常也不说"孔子为鲁人"。这种规矩,在六朝以后渐被打破,到韩愈一班人提倡古文,大家却又遵守起来。例如苏轼《贾谊论》:"惜乎!贾生王者之佐,而不能自用其才也。""贾生"和"王者之佐"的中间并没有"是"或"为"。

第二,中国上古没有使成式。所谓使成式,就是"做好""弄坏""打死""救活"之类。"做好",古谓之"成"(《诗·大雅》:"经始灵台,经之营之,庶民攻之,不日成之。");"弄坏",古谓之"毁"(《左传·襄公十七年》:"饮马于重丘,毁其瓶。");

"打死",古谓之"杀"(《孟子·梁惠王》:"杀人以梃与刃,有以异乎?");"救活",古谓之"活(《庄子·外物》:"君岂有升斗之水而活我哉?")。由此类推,咱们写文言文的时候,要说"想起",只能说"忆"或"念";要说"赶走",只能说"驱";要说"躲开",只能说"避"。有时候,形容词或不及物动词可以当使动词用。例如《论语·述而》:"人洁己以进。""洁"等于"弄干净"。《论语·宪问》:"夫子欲寡其过而未能也。""寡"等于"减少"。《左传·宣公十五年》:"华元登子返之床,起之。""起"等于"叫起"或"拉起"。《史记·晋世家》:"齐女乃与赵衰等谋醉重耳。""醉"等于"灌醉"。《史记·卫青传》:"走白羊楼烦王。""走"等于"赶走"或"打退"。《汉书·朱买臣传》:"买臣深怨,常欲死之。""死"等于"害死"。由此类推,咱们要说"推翻",只能说"倾覆";要说"攻破(城池)",只能说"隳"。使成式大约在唐代以前已经有了;唐诗里有"打起黄莺儿"的话。但是,后代只在诗词中有它,散文中非常罕见。俚语可以入诗词,却不可以入散文。使成式不过是其中之一例而已。

第三,中国上古没有处置式。所谓处置式,就是"将其歼灭""把他骂了一顿"之类。这种语法在唐诗里已有了,例如李群玉诗:"未把彩毫还郭璞。"

方干诗:"应把清风遗子孙。"但是,它也像使成式一样,一般地只能入诗,不能入文。一般人以为"将"字比"把"字较古,其实即在唐诗里,"将"和"把"的用途也并不一样。"将"是"拿"的意思(国语里,"拿"和"把"也不一样,细看《红楼梦》便知),动词后面有直接目的语。例如刘禹锡的诗:"还将大笔注春秋。"王建诗:"惟将直气折王侯。"上面所引的"把彩毫还郭璞"可以倒过来说成"还彩毫于郭璞",而"将大笔注春秋"不可以倒过来说成"注大笔于春秋"。近人的"将"字用于处置式,可说是一种谬误的仿古,"将其歼灭"一类的句子是极"不文"的。

第四,中国古代的人称代词没有单复数的分别。《左传·成公二年》:"鲁卫谏曰:'齐疾我矣,其死亡者,皆亲昵也。子若不许,仇我必甚。'"这里的"我"是鲁卫自称,并未称为"我等"。《论语·公冶长》:"颜渊季路侍,子曰:'盍各言尔志?'"这里的"尔"是指颜渊季路,并未称为"汝等"。《孟子·滕文公》:"梓匠轮舆,其志将以求食也。""其志"也未说成"彼等之志"。关于这一点,我们在《中国文法学初探》和《中国语文概论》里有更详细的讨论。

第五,中国古代有用"之"字把句子形式变为名词性仂语的办法。例如《左传·成公三年》"臣之不敢爱死，为两君之在此堂也"，若改为"臣不敢爱死，为两君在此堂也"，就完全不是古文的味儿，前者是用"之"字把连系式（句子）转成组合式（仂语），语气紧凑得多。这种语法一直沿用到后代的古文里。例如王安石《读孟尝君列传》"夫鸡鸣狗盗之出其门，此士之所以不至也"，若改为"夫鸡鸣狗盗出于其门，故士不至也"，也就变得无力了。

古今语法的异点，决不止这五条。例如上文所说的，古人称数不用单位名词（"两次"只谓之"再"），就不在这五条之内。较详细的讨论见于拙著《中国语法理论》里。

（三）风格

所谓风格，用极浅的话来解释，就是文章的"派头"。同一的意思可以有两种以上的说法。你喜欢那样说，我喜欢这样说，这是个人的风格。古人喜欢那样说，今人喜欢这样说，这是时代的风格。西洋人喜欢那样说，中国人喜欢这样说，这是民族的风格。中国人的文章向来只有个人的风格和时代的风格。民族的风格在最近几十年才成为问题，因为文章欧化了，风格也就不是中国话的本来样子了。

中国人学习古文，有以学习个人的风格著名的，例如某人学韩愈，某人学柳宗元；有以学习时代的风格著名的，例如某人学六朝文（"选体"），某人学唐宋文。我们并不愿意批评各种风格的优劣；我们只想要指出，所谓文言文必须具备古代文章的风格，而不能依照现代白话的风格。从前的人学习古文，虽也不知不觉地露出当时白话的风格，但是，因为着意学习古文的缘故，总不至于远离古人的绳墨。现在的情形却不同了，语体文在社会上的势力是那样的大，它又是那样的时髦，多数写文言文的人又都是"半路出家"，并非"童而习之"，自然容易把现代白话的风格用于文言文的上头。再加上欧化的风格，就把文言文原有的风格剥夺净尽了。

风格是很难捉摸的东西，然而向来所谓揣摩古文，却多半是希望得到它的风格。古人所谓"气韵"，依我们看来，也就是风格之一种。"气韵"虽难捉摸，而多数谈古文的人都觉得实在有这样的东西。例如说韩愈的文章是刚的美，柳宗元的文章是柔的美，多读韩柳文的人都会有这种感觉。这自然和修辞学有关。然而修辞学也不能和时代完全没有关系。例如有某种"气韵"是韩柳和唐代文人所同具，而现代一般的文章所没有的。

古人所谓"谋篇""布局""炼句"之类，大致也是属于风格方面的事。不过，咱们现在研究古文，不应该再拿批评的眼光去看古人的"谋篇""布局""炼句"，只应该拿历史的眼光去观察它们。咱们应该留心观察古人的"谋篇""布局""炼句"

和现代文章有什么差异之点,哪一种篇法或句法是古所常有而今所罕见的,又有哪一种是古所罕见而今所常有的。古所常有的篇法和句法,咱们在文言文里就用得着它;古所罕见的,咱们在文言文里就应该避免。

我们虽说风格是不易捉摸的,然而也不能不举出若干实例来,使读者得出一些具体的观念。在句子的形式上,咱们也大概地看得出古今风格的异同。例如关于假设的问题,上古的人喜用处所的观念来表示。《论语·子罕》:"有美玉于斯,韫匵而藏诸?求善贾而沽诸?"《孟子·梁惠王》:"今有璞玉于此,虽万镒,必使玉人雕琢之。"又《滕文公》:"有楚大夫于此,欲其子之齐语也,则使齐人傅诸?使楚人傅诸?"可见"于斯""于此"乃是一种表示假设的话,而"假令""设如"一类的字样倒反没有。现代欧化的文言,在这种地方该是"假使子有一美玉……""假使王有一璞玉……""假设有一楚大夫,欲其子习齐语……"之类,意思是一样的,而风格却完全不同了。

文章的繁简也和文章的风格有关。今人以为应该简的地方,古人不一定以为应该简。反过来说,今人以为应该繁的地方,古人也不一定以为应该繁。韩愈《原道》里说:"其所谓道,道其所道,非吾所谓道也;其所谓德,德其所德,非吾所谓德也。"若依现代的风格,可省为:"其所谓道德,非吾所谓道德也。"柳宗元《封建论》里说："天地果无初乎？吾不得而知之也。生人果有初乎？吾不得而知之也。"若依现代的风格，也可以省为："天地与生人之有初与否，吾不得而知之也。"但是，古人以为这种地方若不拉长作为排句，则文气不畅。相反的情形却不是没有，《左传·僖公九年》"夷吾弱不好弄"，若依现代的风格，该说成："夷吾年幼之时不喜游戏。"《孟子·滕文公》："滕文公这世子，将之楚，过宋而见孟子。"若依现代的风格，该说成："滕文公为世子时，将之楚……"此外，古代文章里的主语尽量省略，现代欧化的文章几乎没有一句缺少主语的话，这又是语法和风格两方面都不同了。

　　风格和思想也有关系。现代的人经过了逻辑的训练，说话总希望有分寸，没有漏洞。譬如要提防人家找出少数的例外来批驳我的理论，我就先加上一句"就一般情形而论"；又如要说明某一真理必须是有所恃而然，我就添上句"在某一些条件之下"。中国古代的人并未这样运用思想，自然说话也用不着这种方式。但是，这也并不足以证明古人比今人糊涂。古文里有许多话，在明眼人看来自然暗藏着"就一般情形而论"或"在某一些条件之下"的意思，所以古人教咱们"不以辞害意"。不过，古人在这种地方是"意会"的，今人在这种地方是"言传"的。"意会"和"言传"也就是风格的不同。

明白了这些道理,咱们就知道把语体译为文言是非常困难的事。严格地说,除了词汇和语法之外,风格也应该翻译。因此,逐字逐句的翻译只能译成"变质的新文言";真正要译成一种有古文味的文言文,非把语体文的风格彻底改造不可。

(四)声律

这里所谓声律,大致是指声调和节奏。古人对于文章,讲究朗诵。梁任公先生常说:"念古文非摇头摆尾不可。"因为念到声韵铿锵之处,常常忍不住手舞足蹈的。古人所谓"掷地当作金石声",虽不完全指声律而言,然而文章之美者必包含着声律之美,这是古文家所公认的。骈体文讲究平仄和对仗,固然离不了声韵;就是普通的散文,也或多或少地含有声律在内。上古时代距离咱们太远了,上古文章的声律颇难捉摸。唐宋以后,散文受近体诗的影响,其中的声律显然可知,现在姑且举王安石的《读孟尝君传》为例:

> 世皆称孟尝君能得士,士以故归之。而卒赖其力,以脱于虎豹之秦。嗟乎!孟尝君特鸡鸣狗盗之雄耳,岂足以言得士?不然,擅齐之强,得一士焉,宜可以南面而制秦,尚何取鸡鸣狗盗之力哉?夫鸡鸣狗盗之出其门,此士之所以不至也。

首先咱们应该注意到节奏问题。节奏往往是和意义有关系的,例如"世皆称"为一顿,"孟尝君"为一顿,"能得士"为一顿。但是,有时候由于一个字难于成节,就连下文为一节,例如"士以故"可为一顿,"特鸡鸣"可为一顿,这是意义和节奏不尽一致的地方。煞句的语气词虽只一字,也能自成一节。例如这里的"耳"、"哉"和"也"都应该把声音拉得很长,并且不妨和上面的"雄""力""至"距离得相当的远。这样,才显得文气是畅的。写文言文的人,做好了文章,先自朗读几遍,然后有些地方再添上一个"之"字,有些地方再添上一个语气词,无非为了节奏谐和的缘故。句读的长短也是有斟酌的。例如"以脱于虎豹之秦",若改为"以免于难",就太短了,支持不住上面的一段话。句读的长短,要看全篇的气势而定。譬如全篇用长句,突然用四字的句子一收,就嫌短。若篇中以四言为主,则长句结束反不相宜。这些全凭体会出来,不能十分拘泥的。

其次,咱们应该注意到声调的问题。散文的声调只有平仄的关系,最好是每一个节奏的平仄能够替换,换句话说就是,上一节用仄,则下一节用平;上一节用平,则下一节用仄。例如"鸡鸣狗盗之出其门","鸡鸣"是平平,"狗盗"是仄仄,"之出"是平仄,"其门"是平平。这里的声调共有两个对偶,"鸡鸣"是平起,"狗盗"是仄收;下一对如果仍用平起就没有变化了,所以"之出"是仄起,"其门"是平收。煞句的字的平仄也最好是能有变化。例如第一句(指古人所谓"句")用"士"字收仄声,第二句用"之"字收平声,第三句用"力"字收仄声,第四句用"秦"字收平声。第五句"嗟乎"是感叹语,不算。第六句"雄"字平声应该拉长,和第七句"士"字仄声相应。第七、八、九、十,四句都用平声收,是让文气一直紧下去,到了"力"字仄声应该拉长,和那些平声相应,然后用"哉"字煞句。第十一句的"门"字平声,也是和第十二句的"至"字仄声相应的。

在这里我们要声明一句:我们所讲的这一篇古文的声律未必都是当时作者着意安排的。但是,当时韵文的声律深入人心,能使散文的作者不知不觉地受了它的影响。意义和声律比起来,自然当以意义为重;咱们不能牺牲了意义来迁就声律。近体诗中还有所谓"拗句"(平仄不依常格者),咱们在散文里更不应该做声律的奴隶。例如《读孟尝君传》里,"卒赖其力"的"赖","岂足以言"的"以","南面而制秦"的"制","所以不至"的"以",如果都改为平声字,朗诵起来就更顺口些,然而王安石并没有这样做,因为没有相当的平声字去替代它们。不恰当的替代倒反把文章的意义弄歪了,或把句子弄得太生硬了。

由此看来,声律在文言文中的地位,并没有词汇、语法和风格那样重要。有些人喜欢"古拙"的文章，倒反把拘泥于声律的作品认为格调卑下。所以讲究平仄的事必须和某一些较近代的风格相配合，不然，反而成为一种文病了。

我们虽然希望中学生不用文言文写作，但是，既然中学国文教科书里选录文言文，那么，就让他们知道文言文有这许多讲究，自然不敢轻易尝试。据我们评阅大学新生国文试卷的经验，语体文还是好的，文言文则几乎没有一篇可以够得上"通顺"二字。因此，我们奉劝一般青年，除非万不得已，否则还是不写文言文的好。

即使是有心学习文言的人，也不应该仅仅以分析古文的词汇、语法、风格、声律为能事。必须多读古文，最好是能熟读几十篇佳作，涵咏其中。这样去做，即使不会分析古文的词汇、语法等，下笔也自然皆中绳墨。语言学家调查某地的方言，极尽分析的能事；但是，假使一个七岁的小孩，让他在那个地方住上半年，他所说当地的方言，无论语音、语法、词汇各方面，其纯熟、正确的程度一定远胜于语言学家。同理，我最好的学习文言的方法就是凭着天真与古人游，等到古人的话在你的脑子里能像你自己的方言一般地不召自至的时候，自然水到渠成。大匠诲人以规矩，不能使人巧；我们以上这许多话，即使没有错误，也不过是一些"规矩"而已。

中国古代的历法

古代的历法，起于商代以前，后来逐步改进。经过天文学家祖冲之、僧一行、郭守敬等人的研究，到了清代，中国的历法已经到了完善的地步。这里简单地介绍中国古代的历法。由于历法和天文有密切关系，同时我们也讲一些中国古代天文学的常识。

一、年岁

年和岁是不同的两个概念。[①]

十二个月为一年。闰年有十三个月。平年有354日（包括六个大月，六个小月），闰年有383日。

太阳一周天为一岁。所谓太阳一周天，实际上就是太阳过春分点，循黄道东行，复回到春分点的时间。古人所谓岁，也就是现代天文学所谓回归年，又叫太阳年。这样，一岁就是 $365\frac{1}{4}$ 日（实际上是 365.24199 日）。《尚书·尧典》上说："期三百有六旬有六日。""期"是一周岁的意思，三百有六旬有六日（366日）是说一个整数。这实际上是阳历的年，中国历法上叫作"岁实"。

年是阴历，岁是阳历。所以说中国古代历法是

---

① 年和岁混用则不别。《尔雅》"夏曰岁、商曰祀、周曰年、唐虞曰载。"

阴阳合历。中国的节气是阳历（参看下文）。中国的闰月是用来解决阴阳历的矛盾的（见下文）。

岁的意义来源于岁星，岁星就是木星。岁星约十二年一周天。古人把黄道附近一周天由西向东分为十二个星次，岁星每年行一个星次。十二次的名称是星纪、玄枵、娵訾、降娄、大梁、实沈、鹑首、鹑火、鹑尾、寿星、大火、析木。《左传·襄公二十八年》有"岁在星纪"，《三十年》有"岁在降娄"。《周语·晋语四》有"岁在大火"，都是以岁星纪年，这是最早的纪年法。后人写文章，为了仿古，也采用这种纪年法，例如潘岳《西征赋》有"岁次玄枵"。

较后的有太岁纪年法。古人把黄道附近由东向西分为十二等分，叫作十二辰，即子、丑、寅、卯、辰、巳、午、未、申、酉、戌、亥，其顺序与十二次正相反。这个顺序在应用上并不方便，于是古人设想了一个假岁星，叫作"太岁"，让它由西向东，仍用子、丑、寅、卯、辰、巳、午、未、申、酉、戌、亥十二辰，于是从寅开始，有寅在析木（岁在星纪）、卯在大火（岁在玄枵），等等。又为十二辰造了一些别名。即摄提格（寅）、单阏（卯）、执徐（辰）、大荒落（巳）、敦牂（午）、协洽（未）、涒滩（申）、作噩（酉）、阉茂（戌）、大渊献（亥）、困敦（子）、赤奋若（丑）。屈原《离骚》："摄提贞于孟陬兮，惟庚寅吾以降。"这是说,屈原生于寅年寅月寅日。[①]

据《尔雅》所载。摄提格等十二辰叫岁阴。另有纪年的十干叫岁阳。岁阳的名称是阏逢(甲)、旃蒙(乙)、柔兆(丙)、强圉(丁)、著雍(戊)、屠维(己)、上章(庚)、重光(辛)、玄黓(壬)、昭阳(癸)。甲子纪年起于东汉,较早的纪年法是以岁阳和岁阴相配。《史记·历书》有"焉逢摄提格太初元年(甲寅)、端蒙单阏二年(乙卯)、游兆执徐三年(丙辰)、强梧大荒落四年(丁巳)"[②],等等。后人仿古,也有采用太岁纪年法的,例如司马光的《资治通鉴》。

木星绕天一周,实际上不是十二年,而是11.86年。所以每隔八十二年就会有一个星次的误差,叫作"超辰"或"超次"(汉代刘歆已经发现了超辰。但他说一百四十四年超一辰)。由于超辰的关系,汉以后的岁星纪年法渐渐与实际情况不合,误差越来越大,所以司马光《资治通鉴》的岁星纪年,实际上只等于甲子纪年。

二、月

月球运行到太阳和地球之间,跟太阳同时出没,

---

① 北京大学林庚教授说,屈原并非生于寅年寅月。
② 焉逢即阏逢,端蒙即旃蒙,游兆即柔兆,强梧即强圉。

古人认为是日月相会,叫作晷(也写作辰),也叫作合朔。月球自合朔绕地球一周再回到合朔,所走的时间是 $29\frac{499}{940}$ 日(实际上是 29.53059 日),叫作一个月。这个数目不够 30 日,又多于 29 日,所以阴历有月大月小。月大 30 日,月小 29 日,大月和小月相抵,也就差不多了。还差一点,所以有时候接连两个月都是大月。

古人有所谓月建,把一年十二个月和天上的十二辰联系起来。依夏历,斗柄(北斗的柄)指寅叫作正月(一月),斗柄指卯叫作二月,辰是三月,巳是四月,午是五月,未是六月,申是七月,酉是八月,戌是九月,亥是十月,子是十一月,丑是十二月。但是,依殷历,则丑是正月,依周历,则子是正月。三代的历法不同。《诗经·豳风·七月》是夏历和周历并用,所谓"四月""七月"等,指的是夏历,所谓"一之日(一月)""二之日(二月)"等,指的是周历。从汉武帝太初元年(前104)直到清代末年,我国一直沿用夏历,以建寅之月为岁首。今天所谓旧历,也指夏历。

三、晦,朔,望,朏(fěi),弦

每月的最后一日叫作晦,最初一日叫作朔。朔就是日月合朔的日子。古人很重视朔,因为朔的日子定错了,时序就乱了。天子告朔于诸侯,诸侯告朔于庙。史官纪事,遇事件发生在朔日,必须写明。《尚书·舜典》:"十有一月朔巡守。"《诗经·小雅·十月之交》:"十月之交,朔日辛卯,日有食之。"《左传·僖公五年》:"春王正月辛亥朔,日南至,公既视朔,遂登东台以望。"后代史书纪事,都沿用此法。

古代以干支纪日,史书上不记月之第几日,而记干支,所以我们必须查明该月朔日的干支,然后顺推知道是月之第几日。可查杜预《春秋长历》和陈垣《二十二史朔闰表》。

每月十五日(有时是十六日,偶或是十七日)叫作望。这时地球运行到月亮和太阳的中间。由于太阳和月亮此升彼落,一东一西,遥遥相望,所以叫作望。《释名·释天》:"望,月满之名也。月大十六日,小十五日,日在东,月在西,遥相望。"后人以十五日为望,十六日为既望。苏轼《赤壁赋》:"壬戌之秋,七月既望[①],苏子与客泛舟,游于赤壁之下。"《后赤壁赋》:"是岁十月之望,步自雪堂,将归于临皋。"

每月初三叫作朏,《说文》:"朏,月未盛之明也,从月出。""朏"是月亮出来了,但是还不十分明

[①] 一般注本都说《赤壁赋》"既望"指的是七月十六日,其实是七月十七日,因为那年壬戌七月是大月。

亮的意思。

月亮和太阳成九十度角,叫作弦。《释名·释天》:"弦,月半之名也,其形一旁曲,一旁直,似张弓施弦也。"有上弦下弦之分。上弦指初七或初八,下弦指二十二日或二十三日。

商周时代,一个月分为四部分。第一部分叫初吉,指初一到初七或初八,即朔日到上弦的一段时间。金文《邿敦》:"惟二年正月初吉,王在周邵宫。"第二部分叫既生魄(也写作霸),指初八或初九到十四日或十五日,即上弦到望日的一段时间。《尚书·武成》:"既生魄,庶邦冢君暨百工受命于周。"第三部分叫既望[1],指十五或十六日到二十二日或二十三日,即望日到下弦的一段时间。《尚书·召诰》:"惟二月既望,越六日乙未,王朝步自周,则至于丰。"第四部分叫既死魄,指二十三日到二十九日或三十日,即下弦到晦日的一段时间。金文兮伯吉父盘:"唯五年三月既死霸庚寅。"又有哉生魄,指初二或初三。《尚书·康诰》:"惟三月哉生魄,周公初基,作新大邑于东国洛。"旁死魄,指二十五日。[2]《尚书·武成》:"惟一月壬辰旁死魄,越翼日癸巳,王朝步自周,

---

[1] 这所谓"既望"和后代所谓"既望"(十六日)不同。
[2] 关于"初吉""生魄""死魄""既望"这些名称,有各种不同的解说,今依王国维说。

于征伐商。"

一个月又分为三部分,叫作旬(甲骨文已有"旬"字⓪)。十天为一旬,又叫"浃日"。《国语·楚语》:"近不过浃日。"十二日为"浃辰"。《左传·成公九年》:"浃辰之间。"

四、日,时,刻,分,秒

地球自转一周的时间叫作一日,古人以一昼夜为一日。一日分为十二时(时辰)[①],一百刻。每刻有十五分,每分有六十秒。

古人以十二辰纪时,所以后人又叫作"时辰"。从半夜算起,叫作子时。"子夜"就是半夜的意思。今人以夜里十一点到一点的时间为子时,一点到三点为丑时,三点到五点为寅时,五点到七点为卯时,七点到九点为辰时,九点到十一点为巳时,十一点到下午一点为午时,下午一点到三点为未时,三点到五点为申时,五点到七点为酉时,七点到九点为戌时,九点到十一点为亥时,这是符合古制的。

古代计时,用铜壶滴漏法。受水壶里有立箭,箭上画分一百刻,所以叫作"刻"。古代所谓"刻",与今人所谓"刻"稍有不同。现在一昼夜分为九十六

---

① 现在我们依照国际习惯,一日分为二十四小时。小时只有时辰的一半,所以称为"小时"。

刻,而古人一昼夜分为一百刻①。

昼夜长短,随着时节而不同。依《后汉书》,夏至昼六十五刻,夜三十五刻。冬至昼四十五刻,夜五十五刻。春分夜五十五刻八分,夜四十四刻二分。秋分昼五十五刻二分,夜四十四刻八分。这只是就中原地区来说,至于其他各地,昼夜长短是不同的。②

远在商代以前,古人就用干支纪日。以十干配十二支,得六十"甲子"。如下表:

甲子	乙丑	丙寅	丁卯	戊辰	己巳
庚午	辛未	壬申	癸酉	甲戌	乙亥
丙子	丁丑	戊寅	己卯	庚辰	辛巳
壬午	癸未	甲申	乙酉	丙戌	丁亥
戊子	己丑	庚寅	辛卯	壬辰	癸巳
甲午	乙未	丙申	丁酉	戊戌	己亥
庚子	辛丑	壬寅	癸卯	甲辰	乙巳
丙午	丁未	戊申	己酉	庚戌	辛亥
壬子	癸丑	甲寅	乙卯	丙辰	丁巳
戊午	己未	庚申	辛酉	壬戌	癸亥

---

① 梁天监年间,曾一度改为九十六刻,但不久又改回来了。
② 据清代《协纪辨方书》,夏至昼五十九刻五分,夜三十六刻十分;冬至昼三十六刻十分,夜五十九刻五分;春分、秋分,昼夜各四十八刻。那是依每日九十六刻计算的。与《后汉书》稍有不同。

注意：先秦两汉，关于每月的日期，都不说初一、初二、初三等，而是用干支纪日。例如《左传·僖公三十二年》："冬，晋文公卒，庚辰，将殡于曲沃。"据后人考证，这个庚辰是鲁僖公三十二年十二月十日。后来曾用初一、初二、初三等纪日法，但历史学家仍用干支纪日法。

六十甲子大致相当于两个月，但是由于月大月小合起来只有五十九日，所以每月的干支和日期的对应常常不是一样的。假定正月初一是甲子，则三月初一是癸亥，等等。

五、四时，节，候

一年分为四时，近代叫作四季。正月、二月、三月为春，四月、五月、六月为夏，七月、八月、九月为秋，十月、十一月、十二月为冬。①

一年分为二十四个节气，古代叫作"节"或叫作"气"。每月有两个节气，在前者叫作节气，在后者叫作中气。在正常的时候，二十四个节气和四时十二个月的配合如下表：

---

① 周历以子月为正月，所以四时都比夏历早两个月。《孟子·滕文公上》："秋阳以暴之。""秋阳"指的是夏历五、六月的太阳。

(一)春季

正月（孟春） 立春 雨水
二月（仲春） 惊蛰 春分
三月（季春） 清明 谷雨

(二)夏季

四月（孟夏） 立夏 小满
五月（仲夏） 芒种 夏至
六月（季夏） 小暑 大暑

(三)秋季

七月（孟秋） 立秋 处暑
八月（仲秋） 白露 秋分
九月（季秋） 寒露 霜降

(四)冬季

十月（孟冬） 立冬 小雪
十一月（仲冬） 大雪 冬至
十二月（季冬） 小寒 大寒

最初的时候,大约只规定了四个节气,即春分、夏至、秋分、冬至。简称"分至"。① 在《尚书·尧典》里,叫作仲春、仲夏、仲秋、仲冬(见下文)。后来,增加到八个节气,即《左传·僖公五年》所谓"分至启闭"。"分"指春分、秋分;"至"指夏至、冬至;"启"指立春、立夏;"闭"指立秋、立冬。最后规定为二十四个节气。在《淮南子》中,二十四个节气已经具备。

二十四个节气是一个太阳年的二十四等分,所以我们说节气是阳历。一个太阳年共约 $365\frac{1}{4}$ 日,因此,每一个节气是 15.2 日有奇。②

比节更小的单位是"候"。每一个节气有三个候。一个候是五日有奇。古人所谓"时候",就是指时令和节候。梁简文帝《与刘孝绰书》:"玉霜夜下,旅雁晨飞,想凉燠得宜,时候无爽。"古人所谓"岁候",也是指时令和节候。《文选》所收颜延之《夏夜呈从兄散骑车长沙》诗:"岁候初过半,荃蕙岂久芬!"

---

① "分"是昼夜平分的意思。"至"是极、最的意思。夏至日最长,日行最北,日影最短;冬至日最短,日行最南,日影最长。
② 这是所谓恒气。但实际规定的节气不是二十四等分。日行有迟有速。冬至日行最速,春分前三日已行天一个象限(九十度),等等。后人历法精密,以日行天的度数规定节气,叫作定气,与恒气稍有出入,参看下文《赢缩》。

讲到这里,我们可以总结一下。所谓岁实,是一岁(一个太阳年)实行之数。八等分为八节(分至启闭),二十四等分为节气、中气,七十二等分为候。

古人凭什么规定节气呢?凭天文。具体的办法是:昼测日影,夜考中星。

古人用土圭测日影,夏至日影一尺五寸,影最短;冬至日影一丈三尺,影最长。其余节气由此类推。详见《后汉书·历法》。

所谓夜考中星,是观察初昏时刻的中天星座。白天见日不见星,所以要在初昏观星。《尚书·尧典》说:

日中星鸟,以殷仲春;日永星火,以正仲夏;宵中星虚,以殷仲秋;日短星昴,以正仲冬。

仲春、仲秋,指春分、秋分。中,指昼夜平分。日指昼,宵指夜,昼夜平分,则"日中""宵中"是一样的。仲夏、仲冬,指夏至、冬至。日永,指夏至昼长;日短,指冬至昼短。仲春日中星鸟,是说春分初昏中星为鹑鸟(即二十八宿中的星宿),仲夏日永星火,是说夏至初昏中星为大火(即心宿);仲秋宵中星虚,是说秋分初昏中星为虚宿;仲冬日短星昴,是说冬至初昏中星为昴宿。

日躔(太阳经过的星座)在二十八宿中。二十八宿是:

东方苍龙七宿,角亢氐房心尾箕;
北方玄武七宿,斗牛女虚危室壁;
西方白虎七宿,奎娄胃昴毕觜参;
南方朱雀七宿,井鬼柳星张翼轸。

我们观测到了初昏中星,也就可以推知日躔所在,同时也可以推知平旦的中星。所以《礼记·月令》上说:

孟春之月,日在营室①,昏参中,旦尾中。
仲春之月,日在奎,昏弧中,旦建星中②。
季春之月,日在胃,昏七星中,旦牵牛中③。
孟夏之月,日在毕,昏翼中,旦婺女中④。
仲夏之月,日在东井⑤,昏亢中,旦危中。
季夏之月,日在柳,昏火中⑥,旦奎中。
孟秋之月,日在翼,昏建星中,旦毕中。
仲秋之月,日在角,昏牵牛中,旦觜觿中⑦。

---

① 营室,即室宿。
② 弧,又叫弧矢,在鬼宿之南。建星在斗宿上。
③ 七星,即星宿。牵牛即牛宿。
④ 婺女,即女宿。
⑤ 东井,即井宿。
⑥ 火,即心宿。
⑦ 觜觿,即觜宿。

季秋之月，日在房，昏虚中，旦柳中。
孟冬之月，日在尾，昏危中，旦七星中。
仲冬之月，日在斗，昏东壁中①，旦轸中。
季冬之月，日在婺女，昏娄中，旦氐中。

《诗经·鄘风·定之方中》："定之方中，作于楚宫。"定即营室（室宿），"定之方中"，是说昏营室中，指的是夏历十月②。诗人不说"十月"，而说"定之方中"，可见他是有天文学知识的。

六、赢缩

《史记·天官书》："岁星赢缩。……其趣舍而前曰赢，退舍曰缩。"后来天文学家以赢缩指视太阳在黄道上运行的速度，也写作"盈缩"。由于地球绕太阳的轨道是椭圆的，视太阳在黄道上运行的速度有快有慢，快的时候叫作赢，慢的时候叫作缩。夏天时速度慢，从春分到秋分，要走186天多；冬天时速度快，从秋分到春分，只须走179天多。如果按节气的平均天数来计算，从冬至到春分有六个节气，实际上不到90天，所以历法上规定的春分并不在昼夜平分的那一天，而是在春分前三天就昼夜

---

① 东壁，即壁宿。
② 《礼记·月令》："孟冬之月，昏危中。"营室和危宿距离很近。

平分了;同理,从夏至到秋分有六个节气,实际上超过 90 天,所以历法上规定的秋分也不在昼夜平分的那一天,而是在秋分后三天才能昼夜平分。

七、定朔,定气

古人发现日有赢缩之后,知道一年月大月小相间,每年规定为三百五十四日的历法是不够精密的。日行有赢缩,月行有迟疾,所以朔日不能不依赢缩迟疾来规定,容许有一连两个月大或一连两个月小。这种办法叫作"定朔"(古法叫作"经朔")。古代有个朓字,指的是"晦而月见西方"。自从有了定朔之后,"朓"的现象就不再出现了。

古人发现日有赢缩之后,知道一岁为二十四等分以定二十四节气的历法是不够精密的。有些节气的距离要远些,有些要近些。古法叫作"恒气",新法叫作"定气"。有了定气,闰月无中气的规定也不是完全正确的了。①

八、闰月

置闰,是为了解决阴阳历的矛盾。上文说过,二十四节气是太阳年的二十四等分,那是阳历。岁

---

① 例如:清咸丰元年八月没有中气,置闰;次年二月没有中气,不置闰。

实一年 $365\frac{1}{4}$ 日。而阴历每年只有 354 日,这样,每年剩余 $11\frac{1}{4}$ 日。因此,三年之后,须增加一个月,叫作闰月。闰月一般是 29 日,三年置闰后,还不足三年的岁实,差 $4\frac{3}{4}$ 日,所以第五年又要置闰。《易经·系辞上》说:"五年再闰。"就是这个道理。但是五岁再闰的历法还不够精密,因为五年置闰两次,却又多出了 $1\frac{3}{4}$ 日,所以后人又规定十九年七闰。大约每三十二个月有一个闰月。

《尚书·尧典》说:"以闰月定四时成岁。"为什么要有闰月才能定四时,才能成岁呢?周天三百六十度,日行一度时,月行 $13\frac{17}{19}$ 度,如果没有闰月,则三年差一个月,以后每月都差;九年差三个月,即以春为夏;十七年差六个月,则四时相反,怎能成岁?

商周时代,历法未密,闰月都在岁末。秦代以十月为岁首,所以闰月称为后九月。汉初还沿用秦旧法,直到汉武帝太初元年改历以后,才改为以无中气的月份为闰月。为什么要以无中气的月份为闰月呢?由于阴阳历的矛盾,节气常常落在月份的后面。中气本该在月之十六日,逐渐移到晦日(二十九日或三十日)。这是阴阳历矛盾到了极点的时候,所以要在这里安置一个闰月。闰月的节气在月之十五日,那么这个节气后面的中气应在下月朔日,所以说"闰月无中气"[①]。

九、岁差

由于太阳和月亮的引力对于地球赤道的作用,使地轴在黄道轴的周围作圆锥形的运动,慢慢地向西移动,使春分点以每年约五十秒的速度向西移行[②],这种现象叫岁差。

首先发现岁差的是晋代天文家虞喜,后来南朝宋何承天、南齐祖冲之、隋刘焯、唐僧一行沿用其法,而更加精密。

古人发现岁差,是由于观测到节气的日躔和中星随时代而不同。《尚书·尧典》说:"日短星昴,以正仲冬。"《礼记·月令》说:"仲冬之月,昏东壁中。"是谁对呢?两种说法都对。因为《尧典》讲的是殷末周初的历法,《月令》讲的是周代的历法。相距数百年,冬至的中星自然不同了。据《协纪辨方书》,清代冬至的中星又移到危宿。这都证明了岁差。殷时春分日躔在昴,清代春分日躔在室,相距三千多年,日躔变化自然也很大。

懂得岁差,对阅读古书帮助很大。《尚书·尧典》说:"日中星鸟,以殷仲春;日永星火,以正

---

① 这是一般的情况,闰月也可能有中气,那是例外。
② 周天360度,每度60分,每分60秒。

仲夏；宵中星虚，以殷仲秋；日短星昴，以正仲冬。"伪孔传的作者不懂岁差，只能含糊地解释说："鸟，南方朱雀七宿，春分之昏，鸟星毕见；火，苍龙之中星，举中则七星见可知；虚，玄武之中星，亦言七星皆以秋分日见；昴，白虎之中星，亦以七星并见。"孔颖达沿用这种错误的解释。惟有马融、郑玄认为"春分之昏七星中，仲夏之昏心星中，秋分之昏虚星中，冬至之昏昴星中"，才是得其正解。宋蔡沈《书集传》引用唐僧一行的岁差说，证明尧时以鹑火为春分昏之中星，大火为夏至昏之中星，虚宿为秋分昏之中星，昴宿为冬至昏之中星。科学进步，解决了古书中的一些疑难问题。

《夏小正》所讲的中星，和《尧典》所讲的中星相似。有人根据《夏小正》和《尧典》所讲的中星去解释《诗经》的中星，则陷于错误。《诗经·豳风·七月》："七月流火，九月授衣。"有人解释说："火，或称大火，星名，即心宿。每年夏历五月，黄昏时候，这星当正南方，也就是正中和最高的位置。过了六月就偏西向下了，这就叫作流。"这是根据《夏小正》和《尧典》来解释的。《夏小正》说："五月初昏大火中。"《尧典》说："日永星火，以正仲夏。"但这种解释是错误的，因为周代的中星已经不再是夏代的中星了。戴震说："据周时季夏昏火中，故孟秋之月初昏已过中，但见其西流耳。若《尧典》之'日永星火,以正仲夏',《夏小正》之'五月初昏大火中',则流火自六月矣。此虞夏至周,岁差不同也。"(见《诗补传》)

中国天文学家发现岁差,比西洋为早,这是中国古代灿烂文化之一证。我们研究古代汉语,同时要研究古代历法;而研究古代历法,同时要研究天文。这是对研究古代汉语的人较高的要求。

(原载《文献》1980年第一期)

漫谈古汉语的语音、语法和词汇①

---

① 这是作者在苏州铁道师范学院的讲演。

我今天讲的题目是"漫谈古汉语的语音、语法和词汇"。所谓"漫谈",就是随便谈一谈。

我们学习和研究古汉语的目的,主要是为了培养学生阅读古书的能力,并不是为了教大家写文言文。那么,怎样培养阅读古书的能力呢?我经常说,要建立历史观点。什么叫历史观点呢?就是利用历史发展的观点研究古汉语的语音、语法和词汇。现代汉语是从古代汉语发展来的,现代汉语和古代汉语在语音、语法和词汇方面有些是相同的,有些是不同的。因此,我们研究古代汉语就要知道,什么是古代汉语有而现代汉语没有的,什么是现代汉语有而古代汉语没有的,不能把时代搞错了。不同的时代,语音、语法和词汇三方面都有很多不同。下边分三方面来讲。

首先讲语音问题。古代汉语语音,跟现代汉语语音有很多不同,就是上古时代的语音跟中古时代的语音也有很多不一样的地方。这就是说语音不是一成不变的,而是在不断发展变化着。但是语音的发展变化不是杂乱无章的,而是很有系统、很有规律地发展变化着。我们研究古代汉语就要知道些古音知识。这样,古代汉语中的有些问题才容易理解。

我们不要求照古音来读古书。那样做,一是不容易,二是没必要。我们只要求知道古代读音与现代读音不同,比如有些诗歌,现在念起来很不顺口,不押韵,但用古音来念就押韵,就很顺口。所以我们学习和研究古代汉语,要有一些古音的知识。今天我们不谈上古的语音,只谈中古的语音,也就是唐宋时代的语音,或唐诗宋词的读音。我举两首诗来说明这个问题,这两首诗都是大家熟悉的,一首是杜牧的《山行》:

> 远上寒山石径斜,
> 白云生处有人家。
> 停车坐爱枫林晚,
> 霜叶红于二月花。

如果用现代普通话来念,"家""花"可以押韵,"斜"和"家"、"花"就不押韵了,而它是平声字,应该是入韵的。是不是杜牧作诗出了错误呢?不是的。这是因为现代读音跟唐宋时代的读音不一样了,语音发展了。我们有些方言,读起来就很押韵。比如苏州话,"斜"音〔zia〕,就可以和"家""花"押韵了。这说明苏州话"斜"的读音接近唐宋时代的读音。另外一首是宋人范成大的《田园四时杂兴》之一:

> 昼出耘田夜绩麻,
> 村庄儿女各当家。
> 童孙未解供耕织,
> 也傍桑阴学种瓜。

照北京话来念,"麻、家、瓜"是押韵的,这说明这几个字北京话的读音比较接近唐宋时代的音。如果用苏州话来念,"麻"和"瓜"还是押韵的,"家"和"麻"、"瓜"就不押韵了。北京人念杜牧那首诗,"斜"与"家"、"花"不押韵,苏州人念这首诗"家"与"麻"不押韵,可见要读懂唐宋诗词,需要有些古音的知识。如果懂得了平水韵,懂得了唐宋古音,就不会有不押韵的感觉了。还有一个平仄问题,写诗要讲究平仄,所谓"平",就是平声,所谓"仄",就是上、去、入三声,苏州话有入声字,北京话没有入声字。古代的入声字,在现代北京话中分派到阴平、阳平、上声、去声中去了。这样,北京人遇到在古代读入声而现在读阴平、阳平的字,就不易分辨了。比如刚才范成大那首诗中"童孙未解供耕织"的"织",北京话读阴平,这就不对了,这句诗应该是平平仄仄平平仄,"织"字所在的位置不应该用平声字,所以北京话"织"字读阴平就与古音不合了,"织"字在古代是个入声字,这样就合平仄了。所以说,我们应该懂一些古音的知识。

当然，要透彻地了解古音，是不容易的，但是学习古代汉语总要有一些古音的基本知识。

其次讲语法问题。古今语音变化很大，语法的变化就小得多。因此，古代的语法，也比较好懂。但是，也有困难的地方。有些语法现象好像古今是一样的，其实不一样。我常对我的研究生说，研究古代语法，不能用翻译的方法去研究，不能先把它翻译成现代汉语，再根据你翻译的现代汉语去确定古代汉语的结构。我们不能用翻译的方法去研究古代汉语语法，就跟不能用翻译的方法去研究外语语法一样。用翻译的方法去研究古代汉语是很危险，很容易产生错误的。因此，这种研究方法是一种错误的研究方法。现代汉语有所谓包孕句，上古汉语没有这种包孕句，而上古汉语有一种"之"字句，即在主语和谓语之间有一个"之"字，如：

不患人之不己知，患不知人也。（《论语·学而》）

"人之不己知"不是包孕包中的子句，而是名词性词组，它们所在的句子也不是复句式的包孕句，而是一个简单句。如果把它翻译成现代汉语，"之"字不翻出来很顺畅，"不怕人家不了解自己"；如果"之"字翻译成"的"字，"不怕人家的不了解自己"，就很别扭。这就说明，在上古汉语中，这个"之"

字必须有,有这个"之"字句子才通,没有这个"之"字就不成话,而现代汉语中,没有那个"的"字才通畅,有了那个"的"字,就不通。这就是古今汉语语法不同的地方。

这种"之"字,《马氏文通》里没有提到,后来好像很多语法书也不怎么提。我在《汉语史稿》中特别有一章,叫作"句子的仂语化"。"仂语"就是我们现在叫的"词组"。所谓仂语化,就是说,本来是一个句子,有主语,有谓语,现在插进去一个"之"字,它就不是一个句子了,而是一个词组了。后来南开大学有一本教材,大概是马汉麟编的,称这种结构叫"取消句子的独立性"。这就是说,它本来是一个句子,现在插进了一个"之"字,就取消了它的独立性,就不是一个独立的句子形式了。叫"句子的仂语化"也好,叫"取消句子的独立性"也好,都有一个前提,就是承认它本来是一个句子,后来加"之"字以后,被"化"为仂语了,被"取消"独立性了。这种说法对不对呢?最近我重写汉语史,写到语法史的时候,碰到了这个问题,重新考虑了这个问题,感到从前的说法是片面的,甚至是不对的。为什么不对呢?因为这种"之"字句在上古汉语中是最正常、最合乎规律的。这种"之"字,不是后加上去的,是本来就有的,没有这个"之"字,话就不通,那怎么能叫"仂语化"呢?不是"化"

来的嘛,也不是"取消句子的独立性"。所以那么叫,是因为先把它翻译成现代汉语了,在现代汉语中那个"的"字是不必要的,于是就以为古代汉语的那种"之"字也是加上去而使它成为一个词组的。这种"之"字结构,就是一个名词性词组,这种"之"字的作用,就是标志着这种结构是一个名词性词组。这种"之"字结构可以用作主语、宾语、关系语和判断语,下边我举几个例子:

民之望之,若大旱之望雨也。(《孟子·滕文公下》)
纣之去武丁未久也。(《孟子·公孙丑上》)
知虞公之不可谏。(《孟子·万章上》)
君子之至于斯也,吾未尝不得见也。(《论语·八佾》)

第一个例子,"民之望之"作判断句的主语,"大旱之望雨"作判断句的判断语;第二个例子,"纣之去武丁"作描写句的主语;第三个例子,"虞公之不可谏"作叙述句的宾语;第四个例子,"君子之至于斯也"作关系语,表示时间。这里的"之"字都不能不要,不要这个"之"字就不合上古语法了。

与"之"字句起同样作用的是"其"字句。"其"字是代词,但这个代词总处于"领位",因此,"其"

字等于"名词+之"。有人用翻译的方法定"其"字就是现代汉语中的"他"字,这是错误的。古汉语中的"其"字,跟现代汉语中的"他"字在语法上有很多不同。"其"字永远不能作宾语,从古代汉语到现代汉语,都不能把"其"字当宾语用。我27岁要去法国,买了一本《法语入门》,这本书把法语的"Je l'aime(我爱他)"翻译为"我爱其",就非常错误。这本书的作者,法文程度很好,中文程度就很差了。"其"字能不能当主语呢?从前有些语法学家以为"其"字可以充当主语,这是一种误解。黎锦熙先生在《比较文法》中承认"其"字可以充当子句的主语,但他有一段很好的议论,他说:"马氏又分'其'字用法为二:一在主次,二在偏次。实则'其'字皆领位也。""其"字不是只等于一个名词,而是等于"名词+之",所以只能处于领位,不能处于主位。下边举几个例子来看。

例一:"其为人也孝弟,而好犯上者鲜矣。"(《论语·学而》)"其为人也孝弟"译成现代汉语是"他为人也孝弟",那么"其"字不等于主语了吗?刚才说了,这种翻译的研究方法,是一种错误的研究方法,古代汉语的"其"字不同于现代汉语的"他"字。这个句子的主语是"其为人",谓语是"孝弟"。"其为人"等于"某之为人",是一个名词性词组,这个名词性词组作主语,不是"其"字作主语。

例二:"孔子时其亡也而往拜之。"(《论语·阳货》)这句话的意思是孔子窥测阳货不在家的时候去拜访他。"其亡"是"阳货之亡",是一个名词性词组,作动词"时"的宾语。

这种"其"字结构和"之"字结构有同样的作用,他们都是一个名词性词组。我在重新写的语法史里举了很多的例子,大家可以看。

有时候,"之"字和"其"字交互使用,这更足以说明"其"等于"名词+之"。举两个例子:

例一:"鸟之将死,其鸣也哀;人之将死,其言也善。"(《论语·泰伯》)"鸟之将死"用"之","其鸣也哀"用"其",这里的"其"字等于"鸟+之","其鸣也哀"就是"鸟之鸣也哀"。为什么用"其鸣"而不用"鸟之鸣"呢?因为前边已经说了"鸟之将死",后边再说"鸟之鸣也哀",就重复了,不如后边的"鸟之"用代词"其"表示更精练。"人之将死,其言也善"情况相同。

例二:"水之积也不厚,则其负大舟也无力。"(庄子《逍遥游》)"其负大舟"就是"水之负大舟"。因为前边用了"水之积",后边的"水之负大舟"的"水之"就可以用"其"字代替了。

从上边"其"字和"之"字交互使用的情况看出,"其"字绝不是一个"他"字,而是包括了"之"字在里边,它是"名词+之",因此,它不能用作宾语,也不能用作主语,只能处在"领位"。

古代的"之"字句、"其"字句,其中的"之"字是必需的,不是可有可无的。现代汉语中没有这种句式,我们不能把这种"之"字翻译成现代汉语的"的"字,也不能把"其"字翻译成"他的"或"它的"。如"水之积也不厚"不能译成"水的积蓄不多","其负大舟也无力"也不能译成"它的负担大船无力"。从前我们编《古代汉语》说这些"之"字可以不译出,这种说法不够好,不是可以不译,而是根本不应该译,因为现代没有古代的那种语法。

最后,讲词汇问题。先举两个例子,头一个是"再"字。上古的"再"字,是"两次""第二次"的意思,这个意思一直用到宋代以后。这不同于现代"再"字的意思。古代"再"字只作"两次""第二次"解,"第三次"就不能用"再"了。数目字作状语,"一次"可以用"一","三次"可以用"三","六次"可以用"六","七次"可以用"七"。如:"禹三过其门而不入。""诸葛亮七擒孟获,六出祁山。"唯独"两次"不能用"二",必须用"再"。如:"一鼓作气,再而衰,三而竭。"古书这样的例子很多,比如:《易·系辞》:"五年再闰。"就是五年之内有两次闰月。《史记·孙子吴起列传》:"一不胜而再胜。""再胜"就是"赢两次"。"再"字作"又一次"讲,产生得很晚,现在还没有研究清楚到底在什么时候。再举一个例子,"稍"字在古代是"逐渐"的意思,而不是现代的"稍微"的意思。比如:《史记·魏公子列传》:"其后稍蚕食魏。""稍蚕食魏"就是"逐渐地像蚕吃桑叶那样来吃魏国"。"稍"表示的是一步一步地吃,而不是稍微吃一点儿。所以下文才有"十八岁而虏魏王,屠大梁"。"虏魏王,屠大梁"是"渐渐地吃"的结果,如果只是稍微吃一点儿,就不会产生这种结果了。又比如:《史记·绛侯世家》:"吏稍侵陵之。""稍侵陵之"就是一步一步地欺负他,绛侯周勃很忠厚,他属下的人就得寸进尺,一步步地欺负他。不能说成"稍微欺负",那不成话。又比如,苏轼有一句话,"娟娟明月稍侵轩",它的意思是美好的月光渐渐地照进窗户。因为月亮是移动的,所以是一步一步地照进窗户,不是一下子都照进来了,也不是只稍微照进来一点儿,要是那样,就没有诗意了。

从上面举的例子可以看出,我们学习古代汉语,就是要准确地掌握古代汉语的词义。一个词,在古代汉语中的意义与在现代汉语中的意义是不相同的,不能用现代汉语的词义去解释古代汉语的词义,比如上边讲到的"再"字、"稍"字,如果就现代汉语的意义去解释,那就错了。古汉语中有些看起来很浅的字,最容易出错误。比较深的字会去查字典、问老师,很浅的字,以为自己懂了,实际上不懂,这就容易理解错了。所以我们有一个搞古代汉语的同志说,学习和研究古代汉语,主要是词汇问题,这话是有道理的。

(原载《谈谈学习古代汉语》,山东教育出版社,1984年版。)

文言语法鸟瞰

这里对文言语法只谈一个极其概括的轮廓。分为三个方面加以叙述：（一）句子成分；（二）词序；（三）单复数。

（一）句子成分

上古汉语句法成分有两个主要的特点：第一是判断句一般不用系词；第二是第三人称代词一般不用作主语。

判断句，又叫作名词谓语句，就现代汉语说，也就是"是"字句。例如"孔子是鲁国人"，这就是一个判断句，"是"字是判断句中的系词。在上古汉语里，这个句子只能是"孔子，鲁人"、"孔子，鲁人也"或"孔子者，鲁人也"，不用系词"是"字。有人以为文言文里另有系词"为"字"乃"字等，那至少不是正常的情况。甚至在判断句中用了副词的时候，依现代汉语语法应该认为这些副词都是修饰系词的，而上古汉语在这种情况下仍然不用系词。例如《孟子·公孙丑上》："子诚齐人也。"依现代汉语语法，"诚"后面应该有"是"字，但是古人在这种地方一律不用系词。

如果我们不了解上古汉语不用系词这一个语法

事实,有时候会使我们对古文的语句产生误解。特别是中学生接触古文不多,误解的可能性更大。对于《战国策·唐雎不辱使命》"此庸夫之怒也",很可能误解为"这个庸夫的怒",而不懂得是"这只是庸夫的怒"。在上古时代,"是"和"此"是同义词,都当"这"字讲,但是一般人看见"是"字很容易误会,以为就是系词了。例如《孟子·梁惠王上》"直不百步耳,是亦走也",中学生们很可能把这个"是"字和现代汉语的"是"字等同起来,而不知道"是亦走也"应该解释为"这也是逃跑"。假定有系词的话,系词也只能用在副词"亦"字的后面,而不能用在前面,可见这里的"是"字只是指示代词,不是系词。

  主语这个句子成分,无论在古代汉语或现代汉语的句子里,都不是必须具备的。但是,上古汉语的句子不用主语的情况要比现代汉语多得多,主要的原因之一是上古第三人称代词一般不用在主语的位置上。试看《论语·阳货》有这样一段话:"阳货欲见孔子,孔子不见。归孔子豚。孔子时其亡也而往拜之。遇诸涂。"这些句子也有用主语的,也有不用主语的。当它们用主语的时候,只用专有名词,不用人称代词:"孔子不见"不说成"其不见","孔子时其亡也而往拜之"不说成"其时其亡也而往拜之"。但是,专有名词用得太多也嫌累赘,所以在许多地方索性不用主语，例如这里不说"阳货归孔子豚"和"孔子遇诸涂"；至于"其归孔子豚""其遇诸涂"则为上古汉语语法所不容许的，更是不能说了。

具体地说，所谓第三人称代词不能用于主语，实际上就是"其"字不能用于主语。大家知道，人称代词"之"字用于宾语，"其"字则用于"领位"，大致等于现代汉语的"他的""她的""它的"，或"他们的""她们的""它们的"。"其"字不能用作独立句的主语，因此，"其归孔子豚""其遇诸涂"一类的句子都不成话。有时候，"其"字很像主语，其实"其"字的作用在于取消句子的独立性，使主谓结构变为词组。例如《孟子·离娄上》："三代之得天下也以仁，其失天下也以不仁。""其"字实际上代替了"三代之"，所以"其失天下"按照上古语法应该解作"他们的失天下"（或"它们的失天下"）。

"彼"字倒反可以用作独立句的主语，例如《孟子·梁惠王上》："彼夺其民时。"但"彼"字不是一般的人称代词，它带有指示代词的性质，而且它被用作主语的情况也是相当罕见的。

（二）词序

关于词序，这里想谈两种情况：第一是动宾结构的词序；第二是介词结构的位置。

在动宾结构中，动词在前，宾语在后，现代汉语是这样，古代汉语也是这样。但是，上古汉语有一种特殊情况：在否定句里，宾语如果有个代词，就经常放在动词的前面。例如《论语·宪问》："莫我知也夫！""我"是代词，所以提到动词的前面。要了解这个语法规则，必须辨别哪些词是代词，哪些不是代词。《论语·学而》："不患人之不己知，患不知人也。""己"是代词，所以放在动词的前面，"人"不是代词，所以放在动词的后面，这是鲜明的对比。"君""子""先生"等都是以普通名词作为尊称，不能算为真正的代词。所以这些词永远不能放在动词的前面。例如《论语·宪问》，在孔子说了"莫我知也夫"之后，子贡接着就问"何为其莫知子也？""莫知子"才是对的，"莫子知"反而是违反语法的。真正的代词宾语如"我""汝""之""是"等，在否定句里，虽然也偶尔出现在动词后面，那是非常罕见的了。

在疑问句里，宾语如果是个疑问代词，也必须放在动词的前面。《孟子·梁惠王上》："牛何之？"《庄子·逍遥游》："彼且奚适也？"这种例子是不胜枚举的。今天的成语还有"何去何从"等。疑问句中代词宾语的位置比之否定句中代词宾语的位置更为固定，差不多没有什么例外。

介词结构是修饰谓语的。按照现代汉语语法，介词结构一般是放在谓语的前面。但是按照上古汉语的语法，许多介词结构是放在谓语后面的；特别是"于"字结构跟现代的词序很不相同。"于"字跟现代汉语对译时，随着情况的不同，可以译成"在""向""从""被""比"等。在上古汉语里，"于"字结构一般总是放在谓语的后面；在现代汉语里，情况正相反，"在"字结构、"向"字结构、"从"字结构、"被"字结构、"比"字结构却都是放在谓语前面的。试比较下面的几个从《论语》中选出来跟现代汉语对照的例子：季氏旅于泰山（季氏在泰山举行旅祭）；哀公问社于宰我（鲁哀公向宰我问关于社的制度）；虎兕出于柙（老虎犀牛从笼子里跑出来）；屡憎于人（经常被人们憎恨）；季氏富于周公（季氏比周公更富）。就这些情况看来，词序的差别是很大的。当然也有古今词序相同的时候，例如《孟子·公孙丑上》"今人乍见孺子将入于井"，译成现代汉语是："现在有人忽然看见一个小孩儿将要掉在井里。"但是，这种词序相同的情况是比较少见的。

"以"字结构也有类似的情况。《论语·为政》"生事之以礼，死葬之以礼，祭之以礼"，这些句子的词序都是跟现代汉语不同的。

（三）单复数

在现代汉语里，我们用"们"字表示复数。不但人称代词后面可以加"们"字变为"我们""你们""他们""她们""它们"；甚至有的名词也可以加"们"，如"同志们""科学家们"。我们又用"些"字加在指示代词后面表示复数，如"这些""那些"等。在上古汉语里，这种单复数的区别是没有的。不但名词没有单复数的区别，就是代词也没有单复数的区别。"吾"或"我"可以表示"我"，也可以表示"我们"；"尔"或"汝"可以表示"你"，也可以表示"你们"；"之"可以表示"他""她"或"它"，也可以表示"他们""她们"或"它们"；"其"可以表示"他的""她的"或"它的"，也可以表示"他们的""她们的"或"它们的"。"是""此"或"斯"可以表示"这"，也可以表示"这些"，有时候还可以表示"那"或"那些"。

第一人称复数用"我"字。《论语·阳货》："日月逝矣，岁不我与。"这句话大意是说："时间不等待我们。"

第二人称复数用"尔"字。《论语·先进》："子路、曾皙、冉有、公西华侍坐。子曰：'以吾一日长乎尔，毋吾以也。居则曰，不吾知也；如或知尔，则何以哉？'"这里子路等一共四个人，"尔"指的是"你们"。

第三人称复数用"之"字。《论语·公冶长》:"老者安之,朋友信之,少者怀之。"老者、朋友、少者都不止一个人,所以"之"字应该解释为"他们"。

第三人称复数用"其"字。《论语·子张》:"百工居肆以成其事。"既然是"百工",可见"其"字表示了复数。

指示代词表示复数的也不少见。《孟子·梁惠王上》"王立于沼上,顾鸿雁麋鹿,曰:'贤者亦乐此乎?'","此"是鸿雁麋鹿。《孟子·滕文公下》"古者不为臣不见。段干木逾垣而辟之,泄柳闭门而不纳,是皆已甚",这里有个"皆"字,"是"字的复数性更加明显了。我们虽然不能说古人没有复数的观念,但是单复数的区别不需要在语言形式上表现出来。

在《左传》《史记》《汉书》等书里,有"吾侪""我曹""若属"一类的说法,那不是简单地表示复数,而是说"我们这一类的人""我们这些人",等等,是一种强调的说法。这和我们上面所说代词没有单复数的区别的原则是没有矛盾的。

★ ★ ★

以上所谈,就是我所说的古代汉语语法的几个粗线条。在简短的篇幅里,不可能谈得很全面。但是,如果我们让中学生得到这些文言语法常识,作为学习古代汉语的基础,也就很够了。

在讲述这些文言语法常识的时候,不要忘了历史观点。我们不要以今律古,大谈其"省略"和"倒装"。上古汉语本来就不需要系词,并不是"省略"了系词。如果真的是系词被省略了,应该总有不省略的时候,而且不省略的情况应该比省略的情况更常见些,为什么上古汉语的系词是那样罕见呢?上古汉语的否定句和疑问句的代词宾语本来就是放在动词前面的,无所谓"倒装",如果说"倒装",那只是以现代汉语作为标准。关于单复数问题,也应该这样看待。现代汉语的代词有单复数的区别,这是历史发展的结果,并不能以此证明古代汉语里也一定有这种区别。这样研究古代汉语的语法,才是合乎历史主义的。

(原载《人民教育》1962 年 1 月)

汉语发展史鸟瞰

事物总是发展的,语言不能是例外。随着历史的发展,汉语从上古、中古、近代以至现代,经历不少的变化,才成为现在的样子,研究这些变化,成为一门科学,叫作汉语史,也叫作汉语发展史。

语言是发展的,在科学发达的今天,这是不容怀疑的真理。但是古人并不懂得这个真理,他们以为语言是永久不变的。儿女跟父母学话,世代相传,怎么会有变化呢?他们不知道,儿女跟父母学话也不能百分之百相像,一代传一代,积少成多,距离拉大了,就有明显的变化。其次,由于社会的发展,新事物的产生需要新的词语来表示,旧事物的废弃也引起旧词语的淘汰,语言的变化就更大了。

现在我分为语音、语法、词汇三方面和大家谈谈汉语发展史。由于时间的限制,我只能粗线条地勾画出一个轮廓。所以我今天讲的题目叫作"汉语发展史鸟瞰"。

(一)汉语语音的发展

从前人们不知道语音是发展的,不知道古音不同于今音。他们念《诗经》的时候,觉得许多地方不押韵。例如《关雎》二章:"参差荇菜,左右采之；窈窕淑女，琴瑟友之。""友"字怎能和"采"字押韵呢？于是有人猜想，诗人为了押韵，把"采"字临时改读为"此"，"友"字临时改读为"以"。这种办法叫作"叶音"。但是，为什么《诗经》里所有的"友"字都念"以"，没有一处读成"酉"音呢？人们没法回答这个问题。直到明末的陈第，才提出了一个历史主义的原理，他说："时有古今，地有南北，字有更革，音有转移，亦势所必至。"他由此引出结论说，《诗经》时代，"友"字本来就念"以"，并非临时改读。他的理论是正确的。但是他的拟音还不十分正确。直到最近数十年，我们学习了历史比较法，进行了古音拟测，才知道先秦时代，"采"字的读音是〔tsʻə〕，"友"字的读音是〔ɣiuə〕，这样问题才解决了。

不但上古音和今音不同，中古音也和今音不同。不懂中古音，我们读唐宋诗词时，有些地方也感到格格不入。例如杜牧《山行》诗："远上寒山石径斜，白云生处有人家。停车坐爱枫林晚，霜叶红于二月花。""斜"字用北京话读，用广州话读都不押韵，用上海话读成〔zia〕才押韵了。因为上海话"斜"字保存了唐宋音。又如王安石的《元日》诗："爆竹声中一岁除，春岁送暖入屠苏。千门万户瞳瞳日，总把新桃换旧符。"用广州话读，"除"〔tʃʻøy〕、"苏"〔ʃou〕、符〔fu〕都不押韵，用北京话读就押韵了，因为北京话"除""苏""符"等字接近于唐宋音。

声母方面,有两次大变化。第一次是舌上音和轻唇音产生。本来知彻澄母字是属于端透定母的。现代厦门话"直"字读〔tit˧〕,"迟"字读〔ti˧〕,"昼"字读〔tiu˨〕,"除"字读〔tu˧〕,"朝"字读〔tiɑu˧〕是保存了古声母。客家话"知"字读〔ti〕也保存了古声母。本来非、敷、奉、微四个声母的字是属于帮、滂、并、明的。上海"防"字读〔bɔŋ〕,"肥皂"说成"皮皂",白话"问"说成"闷","闻"(嗅)说成"门","味道"说成"谜道",广州"文"读如"民","网"读如"莽","微"读如"眉",白话"新妇"(儿媳妇)说成"心抱",都是保存了古声母。舌上音大约产生于盛唐时代,轻唇音大约产生于晚唐时代。

第二次是浊音的消失。本来,汉语古声母分为清浊两类:唇音帮、滂是清,并是浊;舌音端、透是清,定是浊;齿音精、清是清,从是浊;牙音见、溪是清,群是浊,等等。现代吴方言还保留清浊的分别,例如"暴"〔bɔ〕≠"报","洞"〔duŋ〕≠"冻"〔tuŋ〕,尽〔dzin〕≠"进"〔tʃin〕,"轿"〔dziɔ〕≠"叫"〔tɕiɔ〕,等等。现代粤方言浊音已经消失,只在声调上保留浊音的痕迹:清音字归阴调类,浊音字归阳调类,以致"暴"与"报","洞"与"冻","尽"与"进","轿"与"叫",都是同音不同调。北京话只有平声分阴阳,浊上变去,去声不分阴阳,以致"暴"="报","尽"="进","轿"="叫",既同音,又同调,完全混同了。浊音声母的消失,大约是从宋代开始的。

韵部方面,也有两次大变化。第一次是入声韵分化为去、入两声。上古入声有长入、短入两类。例如"暴"字既可以读长入〔boːk〕,表示残暴,又可以读短入〔bok〕,表示晒干(后来写作"曝")。后来长入的"暴"字由于元音长,面的辅音失落,变为〔bo〕,同时变成去声。长入变去的过程,大约是在魏晋时代完成的。第二次是入声韵部的消失。古代入声有三种韵尾:〔-p〕,〔-t〕,〔-k〕,和今天的广州话一样。例如广州"邑"〔jɐp〕,"一"〔jɐt〕,"益"〔jik〕;"急"〔kɐp〕,"吉"〔kɐt〕,"击"〔kik〕。后来合并为一种韵尾〔-ʔ〕,和今天的上海话一样。例如上海"邑、一、益"〔iʔ〕,"急、吉、击"〔tɕiʔ〕。最后韵尾失落,和今天的北京话一样。例如"邑、一、益"〔i〕("一"读阴平,"邑,益"读去声),"急、吉、击"〔tɕi〕("击"读阴平,"急,吉"读阳平)。这最后的过程大约是在元代完成的。

语音的发展都是系统性的变化,就是向邻近的发音部位发展。例如从双唇变唇齿,从舌根变舌面。有自然的变化,如歌韵的发展过程是 ai → a → ɔ → o,

有条件的变化,如舌根音在〔i〕〔y〕的前面变为舌面音,北京话"击"字是由〔ki〕变〔tɕi〕,"去"字是由〔k'y〕变〔tɕ'y〕;又如元音〔u〕在舌齿唇的后面变为〔ou〕,广州话"图"字是由〔t'u〕变〔t'ou〕,"苏"字是由〔su〕变〔sou〕,"布"字是由〔pu〕变〔pou〕。条件的变化都只是可能的,不是必然的。

(二)汉语语法的发展

语法是最富有稳定性的,但是也不能没有发展。现在举出主要的四点来谈。

第一,双音词的发展。汉语本来是所谓"单音节语"。除连绵字外,都是单音词。后来逐渐产生双音词,随着历史的发展,双音词越来越多了。双音词产生的主要原因是:(1)由于语音系统简单化,需要产生双音词,以免同音词太多。例如北京话"眼"发展为"眼睛","角"发展为"犄角",就是这个道理。广州话同音词较少,因此双音词也较少。(2)由于社会的发展,新事物的不断产生和出现,双音词也就越来越多。新名词一般总是在旧词的基础上产生的,往往是两个旧词的组合,如"火车""轮船""电灯""电话""火柴""肥皂"等。

第二,词尾的发展。名词词尾"子""儿",人称代词词尾"们",形容词词尾"的",副词词尾"地",动词词尾"了""着""过",都是近代产生的。这是汉语语法的大发展。尤其是表示情貌(aspect)的动词词尾"了""着""过",最能反映汉民族逻辑思维的发展。

第三,量词的发展。上古时代,汉语的量词是很少的,只有"车千乘、马千匹"一类的量词,而且这些量词是放在名词后面的。"一个人""一所房子""三条鱼""五棵树"等,其中的量词,是比较后起的了。另有一种动量,如"来了八次""听了一回""再说一遍"等,那就更晚。这也是汉语语法的大发展。

第四,使成式的发展。上古时代,使成式非常罕见。《孟子》说:"则必使工师求大木……匠人斫而小之。"这是使成式的萌芽。由"斫而小之"演变为"削小",就成了使成式。但是,使成式在古文中仍是非常少见的。古人用的是使动词。"打败了他",古人只说"败之";"做成了它",古人只说"成之";"打死了他",古人只说"毙之";"打倒了他",古人只说"踣之",等等。使动词只说出了结果,没有说造成这种结果的原因,意思不够明确。使成式把因果同时说出来了,这也是汉语语法的大发展。

(三)汉语词汇的发展

随着社会的发展,词汇就有新陈代谢。旧词的死亡和新词的产生,是汉语发展长河中最显而易见的现象。上古的"俎""豆""尊""彝"等,后代没有了,它们就变成了死亡的词。但是新兴的词要比死亡的词多得多。

词汇的发展和社会生产的发展有极其密切的关系。社会生产的发展又和科学技术的发展大有关系。近百年来,社会生产有巨大的发展,因此,表现新事物、新科学、新技术的名词术语也就层出不穷。近百年来,汉语新词的产生,其数量远远超过过去两千年。我们可以从新词产生的多少看到文化科学的进步。

汉语的词汇常受外语的影响。最明显的影响可以分为三个时期。第一时期是北方与西域的影响,主要是在汉代输入了一些外来语,如"箜篌"、"琵琶"、"蒲桃"(葡萄)、"苜蓿"等。第二时期是印度的影响,主要是在东汉输入佛教以后,如"佛""菩萨""和尚""世界""地狱""罪孽"等。第三时期是西洋的影响,是在鸦片战争以后,西洋的文化、科学、技术传入中国,汉语里产生大量的新词,"五四"运动以后,新词越来越多。今天书报上的文章里,大约有三分之一以上是"五四"运动以后新兴的词语,不过人们习以为常,不知道它们是新兴的词语罢了。

应该指出,"五四"运动以后新兴的词语并不都是外语的影响。除了"咖啡""沙发"一类音译名词之外,一般的译词如"火车""轮船""电灯""火柴""肥皂""电影"等,都不该认为是外语的影响,因为这些新事物传入中国以后,中国人用汉语的旧词作为词素造成这些新事物的名称,这是土生土长的东西,不能说是从外语借来的。

但是,有些抽象的名词概念,仍应认为是从外语借来的。例如"哲学""文学""逻辑""前提""具体""抽象""经济""革命""发展"等,都不是我国古人原有的概念。古书中虽也有"文学""具体""经济""革命"的说法,但不是今天这个意思。至于"逻辑"是译音(logic),"前提""抽象"是译意(premise、abstract),那更不用说,是受外语的影响了。

以上所讲的汉语发展史,可说是轮廓的轮廓。详细讲起来,可以写成一部书。这里不详细讲了。

(原载《语文园地》1981年第1期)

中国古典文论中谈到的
语言形式美

中国古典文论中谈到的语言形式美，主要是两件事：第一是对偶，第二是声律。关于这两件事，《文心雕龙》都有专篇讨论。《文心雕龙》第三十三篇讲声律，第三十五篇讲丽辞。所谓丽辞，就是对偶。

这两件事都跟汉语的特点有关。唯有以单音节为主（即使是双音词，而词素也是单音节）的语言，才能形成整齐的对偶。在西洋语言中，即使有意地排成平行的句子，也很难做到音节相同。那样只是排比，不是对偶。关于声律，我们的语言也有特点。汉语是元音占优势的语言，而又有声调的区别，这样就使它特别富于音乐性。

文论中对于文章的对偶特别是诗的对偶是有许多讲究的。人们容易把对偶看得很简单，以为只是字数相等，名词对名词，形容词对形容词，动词对动词，副词对副词就是了。实际上远不止此。《文心雕龙》提出了著名的对偶原则；"故丽辞之体，凡有四对。言对为易，事对为难；反对为优，正对为劣。言对者，对比空辞者也；事对者，并举人验者也；反对者，理殊趣合者也；正对者，事异义同者也。"拿今天的话来说，言对就是不用典故，事对就是用典故，反对就是反义词或意义不相同的词相对，正对就是同义词或意义相近的词相对。

刘勰轻视言对，提倡事对，这是跟骈体文的体裁有关的。从艺术观点说，这个作用不大。杜甫、王维等许多大诗人许多著名的对句如"感时花溅泪，恨别鸟惊心"，"明月松间照，清泉石上流"，也都是言对，不是事对。这个可以撇开不提。

反对为优，正对为劣。这倒是一条很宝贵的艺术经验。《文心雕龙》所举反对的例子是王粲《登楼赋》："钟仪幽而楚奏，庄舄显而越吟。（"幽"和"显"是反义词）"正对的例子是张载《七哀诗》："汉祖想枌榆，光武思白水。（"想"和"思"是同义词）"二者的优劣是显而易见的。在这个问题上，刘勰的理论是高的：他把反对认为是"理殊趣合"，这是用不同的道理来达到同一的意趣，表面上是相反，实际上是相成。这样的对偶是内容丰富的对偶。他又把正对认为是"事异义同"，因为两个句子从字面上看来虽然不同，实际上只表示了同一的意思，这样的对偶是内容贫乏的对偶。

正因为这个意见是对的，所以后人常常拿它来衡量诗的优劣。王籍《入若耶溪》："蝉噪林愈静，鸟鸣山更幽。"这是被人传诵的名句。但是蔡宽夫《诗话》说："晋宋间诗人造语显秀拔，然大抵上下句多出一意。"他举了王籍这两句诗批评说："非不工也，终不免此病。"

正对走到了极端,自然是诗家之所大忌。所以诗论家有"合掌"的戒律。所谓"合掌",也就是同义词相对。

因此,关于对偶,我们不要单看见古人求同的方面(字数相等是同,词性相等也是同),同时还要看见古人求异的方面。后者比前者更加重要。古人在对偶中特别强调相反,强调对立,强调不同。这个原理同样地适用于声律方面。

《文心雕龙·声律篇》中有很重要的两句话:"异音相从谓之和,同声相应谓之韵。""同声相应谓之韵"这一句话好懂:韵就是韵脚,是在同一位置上同一元音的重复,这就形成了声音的回环,产生音乐美。但是刘勰所强调的不是这一句,而是前一句"异音相从谓之和",所以他跟着就说:"韵气一定,故余声易遣;和体抑扬,故遗响难契。属笔易巧,选和至难;缀文难精,而作韵甚易。"这就是说,同声相应是容易做到的,异音相从是难做到的。这和《丽辞篇》所论"反对为优,正对为劣"的道理是相通的。依一般的见解,异音相从应该是不和,现在说异音相从正是为了和,这也和《丽辞篇》所说的"理殊趣合"是同一个道理。音乐上的旋律既有同声相应,也有异音相从。假如只有同声相应,没有异音相从,那就变为单调了。

什么是"异音相从谓之和"呢?范文澜同志认

为是"指句内双声叠韵及平仄之和调(《文心雕龙注》第559页)",这是对的。所谓"八病",虽然旧说纷纭,莫衷一是,实际上就是避同求异,如双声的字不能同在一句(连绵字不在此例),句中的字不能跟韵脚的字叠韵,五言诗第五字不得与第十五字同一声调,等等。沈约《宋书·谢灵运传论》说:"夫五音相宣,八音协畅,由乎玄黄律吕,各适物宜。欲使宫羽相变,低昂互节,若前有浮声,则后须切响。一简之内,音韵尽殊;两句之中,轻重悉异。妙达此旨,始可言文。"沈约在这里也是特别强调了"殊异"的作用。

律诗的平仄格式是逐渐形成的,而平仄的讲究主要还是求其"异音相从"。一句之中,平仄交替成为节奏,这是异;一联之中,出句的平仄和对句的平仄相反,这又是异。后联和前联相粘(第三句与第二句平仄相同,等等),似乎是为了求同,实际上还是为了求异,因为失粘的结果是前后两联的平仄相同。

严羽《沧浪诗话》批评了"八病"的戒律。他说:"作诗正不必拘此,弊法不足据也。"凡事一到了"拘",就出毛病。形式美与形式主义的区别,就在于诗人驾驭形式还是形式束缚诗人。"八病"的避免,如果作为形式美来争取,而不是作为格律来要求,还是未可厚非的。董文涣《声调四谱图说》

引杜审言的《早春游望》作为示范。杜审言原诗是："独有宦游人，偏惊物候新。云霞出海曙，梅柳渡江春。淑气催黄鸟，晴光转绿蘋。忽闻歌古调，归思欲沾巾。"这首诗有四句是平、上、去、入四声俱全的，其余也都具备三声（其中有两句按诗律也只能具备三声）。这样，在声调上就具有错综变化之妙。

有人说，杜甫的律诗出句末字上、去、入三声俱全；如果首句入韵，那就是平、上、去、入四声俱全。我曾经就《唐诗三百首》所选的杜诗做了一个小小的统计：五律十首，合于上述情况者八首；七律十三首，合于上述情况者十首。这可以说明：一方面杜甫的确有意识地追求这种形式美；另一方面，杜甫决不会牺牲了内容去迁就形式。

相连的两个出句（末字）声调相同，叫作"鹤膝"，也有人认为就是"上尾"。杜甫的律诗，特别注意避免上尾。但偶然也有不拘的。例如《客至》诗第三句末字是"扫"字，这个字有上、去两读，若读上声则跟第一句末字"水"字犯上尾；若读去声则跟第五句末字"味"字犯上尾。这些地方都可以说明杜甫既讲究形式美而又不拘泥形式。两个出句末字声调相同还不足为病，至于三个出句末字声调相同，那就算是缺点了。谢榛《四溟诗话》批评杜牧的《题宣州开元寺水阁》诗："六朝文物草连空，天淡云闲今古同。鸟去鸟来山色里,人歌人哭水声中。深秋帘幕千家雨,落日楼台一笛风。惆怅无因见范蠡,参差烟树五湖东。"又批评王维《送杨少府贬郴州》诗:"明到衡山与洞庭,若为秋月听猿声。愁看北渚三湘远,恶说南风五两轻。青草瘴时过夏口,白头浪里出溢城。长沙不久留才子,贾谊何须吊屈平?"他说:"此上三句落脚字,皆自吞其声,韵短调促,而无抑扬之妙。"其实他在这里指出的就是上尾的毛病,因为这两首诗三个出句末字都用了上声。谢榛最后说:"然子美七言,近体最多,凡上三句转折抑扬之妙,无可议者。其工于声调,盛唐以来,李杜二公而已。"他的话是颇有根据的。李白的律诗较少,我没有分析过;至于杜甫,我相信他在声调美的方面是有很深的研究的。

总起来说,古典文论中谈到的语言形式美,不管是在对偶方面,或者是在声律方面,都是从多样中求整齐,从不同中求协调,让矛盾统一,形成了和谐的形式美。

我们不可能也不应该照搬古人的艺术经验,特别是现代的诗即使讲究格律,也不一定要拘泥平仄(写旧体诗不在此例)。但是古典文论中谈到的语言形式美,从原理上说,还有许多可以借鉴的地方。文学语言的形式美,应该是随着民族而不同的,随着时代而不同的。希望有人在这方面进行研究,对文学的发展将有很大的意义。这篇短文,不过是抛砖引玉罢了。

(载《文艺报》1962年第2期,又收入《龙虫并雕斋文集》第一册)

为什么学习古代汉语要学点天文学

我们学习古代汉语，是为了培养阅读古书的能力。而我们的古书中，有不少地方讲到天文，所以我们要学点天文学。又有一些地方讲到历法，所以我们要有历法的知识。而历法是和天文密切相关的，要学历法，必须先学天文。

明末大学者顾炎武说："三代以上，人人皆知天文。'七月流火'，农夫之辞也；'三星在天'，妇人之语也；'月离于毕'，戍卒之作也；'龙尾伏辰'，儿童之谣也。后世文人学士，有问之而茫然不知者矣。"（顾炎武《日知录》卷三十）

"七月流火"，出于《诗经·豳风·七月》，这是大家熟悉的诗句。但是这句话一向得不到正确的解释，直到戴震才讲清楚了。余冠英先生在《诗经选》注云："火，或称大火，星名，即心宿。每年夏历五月，黄昏时候，这星当正南方，也就是正中和最高的位置。过了六月就偏西向下了，这就叫作流。"这是传统的解释，但这是不妥当的。戴震依照岁差来解释，周时六月心宿才中天，到七月才西向流。

"三星在天"，出于《诗经·唐风·绸缪》。三星，指心宿。第二章"三星在隅"、第三章"三星在户"，也是指心宿。有人说,第一章指参宿三星,第二章指心宿三星,第三章指河鼓三星,不可信。毛传以三星为参宿三星,亦通。那要看诗人作诗的时令了。

"月离于毕",出于《诗经·小雅·渐渐之石》。毕,指毕宿。"月离于毕",是月亮走到毕宿的意思。据说月离于毕将有大雨。

"龙尾伏辰",出于《左传·僖公五年》。原文是:

> 童谣云:"丙之晨,龙尾伏辰,均服振振,取虢之旗。鹑之贲贲,天策焞焞,火中成军,虢公其奔!"其九月、十月之交乎。丙子旦,日在尾,月在策,鹑火中,必是时也。

这短短的一段话,有天文,有历法。(这一段话在《古文观止》和我主编的《古代汉语》的《宫之奇谏假道》里被删去了,因为难懂。)童谣的大意说,十月初一清晨,晋国将进攻虢国,虢公将出奔。丙,这里指丙子日。古人以干支纪日。龙尾,即尾宿。尾宿是东方青龙七宿的第六宿,所以叫龙尾。辰,又写作"䢈",是日月交会的意思。夏历指日月交会为朔日,朔日就是每月的初一。伏,是隐藏的意思。太阳在尾宿,故尾宿隐藏不见。鹑,指鹑火星,在柳宿九度至张宿十六度之间。按,《礼记·月令》:"孟冬之月,日在尾,昏危中,旦七星中。"这里所谓鹑，当指星宿。火中，就是"鹑火中"的意思。天策，星名。日在尾，月在策，月亮比太阳走得快，半夜日月交会于尾宿，到了天明，月亮已经走到了天策星的所在了。

下面按经、史、子、集，举例说明学习古汉语要学点天文的重要性。

一、经部

《书·尧典》：

> 乃命羲和，钦若昊天，历象日月星辰，敬授民时。
> 日中星鸟，以殷仲春；
> 日永星火，以正仲夏；
> 宵中星虚，以殷仲秋；
> 日短星昴，以正仲冬。

"日中""宵中"指昼夜平分，即春分、秋分。"日永"即昼长夜短，指夏至。日短，即昼短夜长，指冬至。春分之日，昏七星中，七星是朱鸟七宿的第四宿，所以说"日中星鸟"；夏至之日，昏心中，心宿又名大火，所以说"日永星火"；秋分之日，昏虚中，所以说"宵中星虚"；冬至之日，昏昴中，所以说"日短星昴"。古人不懂岁差，所以得不到正确的解释，只好含糊其辞。例如《礼记·月令》说："仲冬之月，日在斗,昏东壁中。"那么应该说"日短星壁"。怎么说成"日短星昴"呢?所以孔颖达只好含糊其辞,说:"昴,白虎之中星,亦以七星并见,以正冬之三节。"直到唐僧一行才解了这个谜,宋蔡沈《书集传》采用僧一行的说法,以岁差的道理证明,尧时冬至日在虚,昴昏中。

《书·尧典》:

> 期三百有六旬有六日,以闰月定四时成岁。

这是说,太阳一周天共 $365\frac{1}{4}$ 日,举整数来说,就是366日。阴历每年只有354日(或355日),所以要用闰月来解决阴阳历的矛盾,否则春夏秋冬四时就乱了。"岁"和"年"不同:"岁"指阳历,"年"指阴历,所以说"以闰月定四时成岁"。

《诗·召南·小星》:

> 嘒彼小星,维参与昴。

参,参宿。参宿七星,均属猎户座,白虎七宿之末宿。昴,昴宿。昴宿七星,六属金牛座,白虎七宿之第四宿。

《诗·鄘风·定之方中》:

定之方中,作于楚宫。揆之以日,作于楚室。

定,星名,即室宿,又名营室。中,中天。夏历十月(孟冬),昏营室中,这时可以营造宫室。揆,量度。树立八尺的臬(测日影的标杆),度太阳出入之影,以定东西;又参照太阳正中之影,以正南北。

《诗·郑风·女曰鸡鸣》:

女曰鸡鸣,士曰昧旦。子兴视夜,明星有烂。

"明星",星名,即启明。启明是金星的别名。由于它比太阳先出,所以叫"启明"。金星晨见东方为启明,昏见西方为长庚。

《诗·小雅·大东》:

维天有汉,监亦有光。跂彼织女,终日七襄。
虽则七襄,不成报章。睆彼牵牛,不以服箱。
东有启明,西有长庚。有捄天毕,载施之行。
维南有箕,不可以簸扬;维北有斗,不可以挹酒浆。维南有箕,载翕其舌;维北有斗,西柄之揭。

汉,指银河。织女,指织女星。牵牛,指牛宿(不是"牵牛星")。箕,指箕宿。舌,指箕宿下边的两星。斗,指斗宿,即南斗(不是北斗)。柄,指斗柄。

二、史部

《左传·僖公五年》：

> 凡分、至、启、闭，必书云物。

分，指春分、秋分；至，指夏至、冬至；启，指立春、立夏；闭，指立秋、立冬。

《史记·天官书》：

> 北斗七星，所谓璇玑玉衡，以齐七政。杓携龙角，衡殷南斗，魁枕参首。

《索隐》引《春秋运斗枢》云："斗，第一，天枢；第二，璇；第三，玑；第四，权；第五，衡；第六，开阳；第七，摇光。第一至第四为魁，第五至第七为杓（biāo）。"携，连。龙角，即角宿。殷，中。南斗，即斗宿六星。参，指参宿。

《汉书·天文志》：

> 汉元年十月，五星聚于东井。以历推之，从岁星也。

汉元年十月，是沿用秦代的十月，等于夏历七月。五星聚，也叫五星联珠，指金、木、水、火、土五行星同时并见于一方。东井,即井宿。岁星,即木星。

《后汉书·天文志》:

元初元年三月癸酉,荧惑入舆鬼。

元初元年三月癸酉,即汉安帝元初元年(公历114年)阴历三月十二日。荧惑,即火星。舆鬼,即鬼宿。

三、子部

《吕氏春秋》:

孟春之月,日在营室,昏参中,旦尾中。
仲春之月,日在奎,昏弧中,旦建星中。
季春之月,日在胃,昏七星中,旦牵牛中。
孟夏之月,日在毕,昏翼中,旦婺女中。
仲夏之月,日在东井,昏亢中,旦危中。
季夏之月,日在柳,昏心中,旦奎中。
孟秋之月,日在翼,昏斗中,旦毕中。
仲秋之月,日在角,昏牵牛中,旦觜巂中。
季秋之月,日在房,昏虚中,旦柳中。
孟冬之月,日在尾,昏危中,旦七星中。
仲冬之月,日在斗,昏东壁中,旦轸中。
季冬之月,日在婺女,昏娄中,旦氐中。

孟春，正月；仲春，二月；季春，三月；孟夏，四月；仲夏，五月；季夏，六月；孟秋，七月；仲秋，八月；季秋，九月；孟冬，十月；仲冬，十一月；季冬，十二月。日，太阳。在，指太阳行到什么星宿的所在，叫作"日躔"。昏，黄昏时候；旦，天亮时候。中，中天。指某星宿走到正中最高的位置。营室、参、尾、奎、胃、七星、牵牛、毕、翼、婺女、东井、亢、危、柳、心、斗、角、觜觿、房、虚、东壁、轸、娄、氐都是星宿名。营室，即室宿；七星，即星宿；牵牛，即牛宿；婺女，即女宿；觜觿（guī），即觜宿；东壁，即壁宿。弧，即弧矢，星名，在鬼宿之南，近井宿。建星，近斗宿。

读《左传》"宫之奇谏假道"时，可以拿《吕氏春秋》对照。《吕氏春秋》说："孟冬之月，日在尾，昏危中，且七星中。"《左传》的"龙尾伏辰"就是日在尾；"鹑之贲贲"，"火中成军"，就是且七星中，因为七星是属于鹑火这个星次的。

《淮南子·天文训》：

十五日为一节，以生二十四时之变。斗指子则冬至；加十五日指癸，则小寒；加十五日指丑，则大寒；距日冬至四十六日而立春；加十五日指寅，则雨水；加十五日指甲，则雷惊蛰；加十五日指卯，中绳，故曰春分；加十五日指乙，则清明；加十五日指辰，则谷雨；加十五日则春分尽，故曰有四十六日而立夏；加十五日指巳，则小满；加十五日指丙，则芒种；加十五日指午，则阳气极，故曰有四十六日而夏至；加十五日指丁，则小暑；加十五日指未，则大暑；加十五日而夏分尽，故曰有四十六日而立秋；加十五日指申，则处暑；加十五日指庚，则白露降；加十五日指酉，中绳，故曰秋分；加十五日指辛，则寒露；加十五日指戌，则霜降；加十五日则秋分尽，故曰有四十六日而立冬；加十五日指亥，则小雪；加十五日指壬，则大雪。加十五日指子，故十一月日冬至。（原文略有删节。）

这是讲二十四个节气。十五日为一个节气（实际上是十五日多一点）。二十四时，这里指二十四个节气。斗，指北斗的斗柄。子、丑、寅、卯、辰、巳、午、未、申、酉、戌、亥、甲、乙、丙、丁、戊、己、庚、辛、壬、癸，指斗柄所指的方向。中绳，指昼夜平分。这一段话说明了天文和历法的关系。

《论衡·偶会篇》：

火星与昴星出入，昴星低时火星出，昴星见时火星伏。火星，即心宿；昴星，即昴宿。见，出现。伏，不出现。心宿在东方，昴宿在西方，此出彼没，各不相见。这与参商不相见是一样的道理。

四、集部

《古诗十九首》之七:

> 玉衡指孟冬,众星何历历!……南箕北有斗,牵牛不负轭。

玉衡,此斗第五星,这里指斗柄。指孟冬,斗柄指着阴历十月的方向,即亥方(参看上文所引《淮南子·天文训》)。南箕,南有箕宿。北有斗,北有斗宿。斗指南斗,由于在箕宿之北,所以说"北有斗"。牵牛不负轭,即《诗经》"睆彼牵牛,不以服箱"的意思。

《古诗十九首》之十:

> 迢迢牵牛星,皎皎河汉女。纤纤擢素手,札札弄机杼。终日不成章,泣涕零如雨;河汉清且浅,相去复几许。盈盈一水间,脉脉不得语。

牵牛星,这里指河鼓。河鼓三星,与织女星隔河相对。河汉指银河。河汉女,指织女。

曹植《洛神赋》:

> 叹匏瓜之无匹兮,咏牵牛之独处。

匏瓜，星名，一名天鸡，在河鼓东。牵牛，这里也是指河鼓。

王勃《滕王阁序》：

星分翼轸，地接衡庐。

翼轸，指翼宿和轸宿。据《越绝书》，翼轸是南郡、南阳、汝南、淮阳、六安、九江、庐江、豫章、长沙的分野。

骆宾王《狱中咏蝉》诗：

西陆蝉声唱，南冠客思深。

西陆，指昴宿，这里指秋天。司马彪《续汉书》："日行西陆谓之秋。"南冠，指囚犯。《左传·成公九年》："南冠而系者谁也？"

陈子昂《春夜别友人》诗：

明月隐高树，长河没晓天。

长河，指银河。

沈佺期《夜宿七盘岭》诗：

山月临窗近，天河入户低。

天河，指银河。

张说《恩敕丽正殿书院宴应制》诗：

东壁图书府，西园翰墨林。

东壁，即壁宿。《晋书·天文志》："东壁二星，主文章，天下图书之秘府也。"

岑参《冬夜宿仙游寺》诗：

太乙连太白，两山知几重？

太乙、太白，皆星名，这里指终南山。

李白《蜀道难》诗：

扪参历井仰胁息，以手抚膺坐长叹。

参，参宿；井，井宿；参宿是益州的分野，井宿是雍州的分野。蜀道跨益、雍二州，故云。

杜甫《赠卫八处士》诗：

人生不相见，动如参与商。

参，参宿。商，即心宿。参在西，商在东，所以不能同时出现在天空。

杜甫《秋日送石首薛明府》诗：

紫微临大角，皇极正乘舆。

紫微，星座名，三垣之一，古人认为是天帝之座。大角，星名，是北天的亮星，即牧夫座 α 星，古人以为是天王座。

杜甫《赠王二十四侍郎契》诗：

一别星桥夜，三移斗柄春。

星桥，即七星桥。《华阳国志》："李冰守蜀，造桥七，上应斗魁七星。"斗柄，指北斗的柄。三移斗柄春，指时间过了三年。斗杓指东，天下皆春。

杜甫《送李八秘书赴杜相公幕》诗：

南极一星朝北斗，五云多处是三台。

北斗，即大熊座。三台，上台、中台、下台，共六星。《晋书·天文志》："在人曰三公，在天曰三台。"

杜甫《泊松滋江亭》诗：

今宵南极外，甘作老人星。

南极，泛指南天，也专指老人星。老人，星名，即龙骨座，在弧矢南。古人以为是寿星，指寿。

韩愈、孟郊《城南联句》：

文升相照灼（愈），武胜屠欃枪。

欃枪（chēng），也作搀枪。天欃、天枪，彗星名。《史记·司马相如传》正义引《天官书》："天欃长四丈，末锐；天枪长数丈，两头锐。其形类彗也。"

苏轼《江城子》词：

会挽雕弓如满月，西北望，射天狼。

天狼，星名，即大犬座α星。《晋书·天文志》："狼一星，在东井南，为野将，主侵掠。"

秦观《鹊桥仙》词：

纤云弄巧，飞星传恨，银汉迢迢暗度。

飞星，指牛郎，织女。银汉，指银河。

以上所举经史子集的一些例子，足以说明我们读古书需要具备一点天文历法的知识。

★　　★　　★

读古史的人，应该知道古代的历法。古代以干支纪日，逢朔日则加"朔"字。从朔日可以推知某月某日。例如《左传·僖公三十二年》："冬，晋文公卒。庚辰，将殡于曲沃。"我们推知庚辰是鲁僖公三十二年十二月十日。《资治通鉴·淝水之战》："八月戊午，坚遣阳平公融督张蚝、慕容垂等步骑二十五万为前锋。……甲子，坚发长安戎卒六十余万。"我们推知戊午是晋太元八年（383）八月初二日，甲子是八月初八日，因为八月朔日（初一）是丁巳。那么，我们怎么知道哪一天是朔日呢？那就是天文学的问题。日月交会之日为朔日，所谓合朔。

每月最后一日叫作"晦"，最初一日叫作"朔"，"晦"与"朔"是相连的，晚上没有月光，所以叫"晦"。《说文》有一个"朓"字云："晦而月见西方谓之朓。"这是历法未密之所致。

《春秋·经·襄公二十七年》："冬十有二月，乙卯朔，日有食之。"《左传》："十一月乙亥朔，日有食之。辰在申，司历过也，再失闰矣。"这里有两个问题：（一）《春秋·经》所载日食的月日与《左传》不同，是谁错了？（二）《左传》说是"失闰"，为什么？这也都是历法问题。杜预说：《左传》是对的，因为依长历推算，应该是十一月，不是十二月。杜预又说，周历十一月等于夏历九月，夏历九月应该是斗建指戌，不该是指申（"辰在申"）。鲁文公十一年三月甲子到襄公二十七年共七十一年，应该有二十六个闰月,现在按长历推算只有二十四个闰月,可见漏了两个闰月("再失闰")。依杜预的意见,这里应该说九月乙亥朔才对(等于夏历七月),这是春秋时代司历(主管历法的官)的错误。

由此可见,读古史的人要懂一点历法;而要懂一点历法必须先懂一点天文。

(载《中国古代文化史讲座》,
中央电大出版社,1984;
又收入王力《谈谈学习古代汉语》,
山东教育出版社,1984)

常用文言虚字

什么是文言虚字呢?文言虚字就是文言文的虚字。所谓文言文,就是古代汉语;如果确切地说,文言文不完全是古代汉语,只能说是大致一样。

古代汉语现在虽说不通行,但是有遗留,在一定场合下还是用得上的。我今天只讲常用的文言虚字,过深过浅的就不讲了。我把常用文言虚字分成五类,每类里再分几个题目来讲。

第一类:

1. 而 有三个意思。

①有两件事情是平行连贯的,中间用"而"字连接起来。例如:伟大而光荣。

②用来连接肯定和否定两方面。例如:人老而心不老。 死而不朽。 马克思主义告诉我们,看问题不要从抽象的定义出发,而要从客观的事实出发。 我们要知难而进,而不是知难而退。

③用来连接因果关系。例如:我们为保卫世界和平而努力。

2. 以 有四个意思。

①有"拿"的意思。例如:以身作则。 以其人之道,还治其人之身。

②表示一个界线。例如：三尺以上。 五年以后。

③表示一种扩展。例如：在一县、一省以至全国范围内推广。

④表示因果关系。例如：生产发展非常快，以致工作有点跟不上。 有些同志麻痹大意，以致造成不应有的损失。

"以至"和"以致"是有分别的。"以至"一般表示时间程度，范围上的递升或递降，有"直到"的意思；"以致"是表示事物发展的结果的，有"因此而造成"的意思。

3. 于（乎） 有六个意思。

①有"在"和"到"的意思。例如：光荣归于共产党。

②有"从"的意思。例如：青出于蓝。

③有"对于"的意思。例如：勇于负责。 有益于人。

④表示比较。例如：功大于过。

⑤表示被动。例如：日本女排败于中国女排。

⑥以"乎"代"于"。例如：出乎意料（就是出于意料之外）。 合乎规律（合于规律）。

这种用法是古代汉语的习惯。

4. 因 有两个意思。

①有"凭借""按照""依照"的意思。例如：因地制宜。

②有"因为"的意思。例如：因噎废食（因为吃东西噎住了，以后就不敢再吃饭了）。

5. 则 有三个意思。

①有"就"的意思。例如：热则涨，冷则缩。

②表示对比，可以翻译成"却"。例如：工人是以做工为主，学生则是以学习为主。

③列举原因和理由。例如：一则支援了农业，二则发展了生产。

第二类：

1. 然而 有"但是"的意思。例如：他们失败了多次，然而并不灰心。

2. 虽，虽然 用"虽"和"虽然"都可以。用"虽"文一点，用"虽然"白一点。古代汉语里的"虽然"是拆开来讲的。"然"的意思就是"这样"，"虽然"就是"虽然这样"。现在"虽然"与"虽"等同起来了。例如：事情虽小，意义很大。 他虽然工作很忙，对学习并不放松。

有些人在句头用虽然，往往在后面用个逗号，这是错误的，应该把逗号去掉。

3. 纵，纵然，纵使，即使 意思都一样。例如：纵有千山万水，也拦不住英勇的勘探队员。 纵然今天下雨，我们也要赶到工地。 即使明天下雨，我们也要去。

要注意,"纵然"和"虽然"的意思不一样。"虽然"指的是有那件事情,"纵然"指的是还没有那件事情。如"虽然今天下雨,你还是来了","纵然明天下雨,我还是要去",这里如果把"虽然"和"纵然"调换一下,那就错了。

4. 如 有六个意思。

①有"如果"的意思。说得白一些,有"要是"的意思。例如:如不及早准备,恐怕来不及。

②有"然"的意思。例如:突如其来。

③有"如同"的意思。例如:爱社如家。 十年如一日。 如临大敌。 如鱼得水。

④有"比得上,比不上"的意思。例如:我不如他(我比不上他)。 耳闻不如目见(耳朵听见,比不上眼睛看见)。

⑤有"依照""顺从"的意思。例如:如期完成。 如意算盘。

⑥有"举例"的意思。例如:各种体育活动如游泳、球赛,等等。

5. 若 有两个意思。

①有"如果"的意思。例如:人不犯我,我不犯人;人若犯我,我必犯人。

②有"如同"的意思。例如:旁若无人。 若无其事。

6. 倘,倘若,倘然,倘使 意思差不多,"倘"

当"如果"讲。例如：倘有困难，当再设法。　倘然你不相信，我带你去看。

7. 况且，何况　意思一样，在文言里单用"况"，表示更进一层的意思。另外，"尚且"跟"何况"常常是相互照应的。例如：上海地方大，况且你又不知道他的地址，怎么能找到他呢？　当年在艰苦的岁月里，尚且坚持斗争，何况现在是大好形势，还怕什么呢？

8. 俾，以便　"俾"比较文，跟"以便"的意思一样，即达到某种效果。翻成白话有"好"的意思（但位置不同）。例如：特此公布，俾众周知（让大家好知道）。　会议印发大量文件，以便参加会议的人参考（让参加会议的人好参考）。

第三类：

1. 尚，尚且　有两个意思。

①有"还要"的意思。例如：尚待研究。

②先说一件更重要的事情，让它来衬托下文。例如：这么冷的天，大人尚且受不住，何况是小孩。

2. 犹　有两个意思。

①有"如同"的意思。例如：为国家而死，虽死犹生。

②有"还"和"尚且"的意思。例如：事情相隔二十年，记忆犹新。

3. 徒，徒然 意思一样，只是文白之分。再白一些，有"白白地"的意思。例如：徒劳无功。 不看见敌人就放枪，徒然浪费子弹。

4. 几乎 有"差点儿"的意思。例如：我几乎不相信我的耳朵。 雪后路很滑，我几乎摔倒。

5. 至 是"到了极点"，"至少"等于"最少"，"至迟"等于"最迟"。例如：欢迎之至。 至少也要五千元。 至少也要做到自给自足。 至迟在十天内赶到。

第四类：

1. 莫 有三个意思。

①"没有任何"的意思。例如：莫大的光荣（没有什么光荣比这更大的）。 莫名其妙（原意是说不出其中的奥妙。为什么说"莫名其妙"不说"莫明其妙"呢？因为这是古代汉语的习惯用法，所以没有改）。

②有"不"的意思。例如：爱莫能助。

③有"不要"的意思。例如：你老人家莫去。

现今湖北、四川有这样的说法，"你莫哭"，就是北方话"你别哭"的意思。

2. 勿 别、不要的意思。例如：请勿吸烟。

第五类：

1. 其 有三个意思。

①有"他的""她的"或"它的"的意思。例如：各得其所。

②有"他""她"或"它"的意思。例如：促其早日实现。

③有"那个"和"那样"的意思。例如：不胜其烦。 不堪其言。 不乏其人。

2. 之 有四个意思。

①有"它"的意思。例如：求之不得。 言之成理。 总之。

②只是凑字数，说不出什么意思。例如：久而久之。

③有"的"的意思。例如：光荣之家。 原因之一。 三分之一。

"之"字在有的地方可以换成"的"字，但是有的地方不能换。如"亚洲国家之一"，"先进单位之一"，这两句的"之"字就不能换成"的"字。

④"之所以"连用，表示追究原因。例如：斗争之所以胜利，首先是由于党的正确领导。

3. 所 有三个意思。

①有"的"的意思（位置不同）。例如：各尽所能（各人尽力做他能做的）。 闻所未闻（听见

从前没听见过的)。

②也是"的"的意思,与后面"的"字相应。例如:我所认识的人(这里的"所"字也可以去掉)。

③表示被动。例如:我深深地为他所感动(这句里的"为"可以改成"被",把"所"字去掉)。

4. 者 有四个意思。

①有"的"的意思。例如:强者。 弱者。

"者"和"所"有什么不同呢?这两个字虽然都有"的"意思,但是"所"只管动词,而"者"不一定管动词。

②有"一类人"的意思。如果用在坏的方面,有"分子"的意思。例如:共产主义者。 马克思主义者。 帝国主义者。 修正主义者。

③用在数目字后面,指上文所说的事物。例如:二者必居其一。

④用在"前"字或"后"字后面,也是指上文所说的事物。例如:无产阶级和资产阶级是对立的,前者是后者剥削的对象。

(载《语文学习讲座丛书》第6辑,1986年12月;又收入《王力论学新著》)

图书在版编目（CIP）数据

古代汉语常识 / 王力著 . -- 北京：北京联合出版公司 , 2019.6（2025.1 重印）

ISBN 978-7-5596-2999-9

Ⅰ . ①古… Ⅱ . ①王… Ⅲ . ①古汉语－基本知识 Ⅳ . ① H109.2

中国版本图书馆 CIP 数据核字 (2019) 第 046981 号

古代汉语常识

著　　者：王　力
出 品 人：赵红仕
选题策划：后浪出版公司
出版统筹：吴兴元
特约编辑：魏姗姗
责任编辑：李　红　徐　樟
封面设计：肖　雅
营销推广：ONEBOOK
装帧制造：墨白空间

北京联合出版公司出版
（北京市西城区德外大街 83 号楼 9 层　100088）
天津中印联印务有限公司印刷　新华书店经销
字数 116 千字　720 毫米 ×1000 毫米　1/32　6.75 印张
2019 年 6 月第 1 版　2025 年 1 月第 10 次印刷
ISBN 978-7-5596-2999-9

定价：28.00 元

后浪出版咨询(北京)有限责任公司　版权所有，侵权必究
投诉信箱： editor@hinabook.com　　fawu@hinabook.com
未经书面许可，不得以任何方式转载、复制、翻印本书部分或全部内容
本书若有印、装质量问题，请与本公司联系调换，电话 010-64072833